petits plats
min

petits plats
minceur

Cara Hobday

marabout

Publié pour la première fois en Grande-Bretagne
en 2008 sous le titre Low Fat.

© 2008 Octopus Publishing Group Ltd.
© 2008 Hachette Livre (Marabout)
pour la traduction et l'adaptation françaises.

Crédits photos © Octopus Publishing Group Limited/
Lis Parsons
Autres photos © Octopus Publishing Group
Limited/Frank Adam page 129 ; William Lingwood pa-
ges 31, 65, 69, 91, 123, 131, 135, 155, 175, 23 ;
Lis Parsons pages 49, 55, 59, 79, 127, 143, 151,
157, 163, 169, 191, 201, 207, 211, 221 ;
William Reavell pages 85, 95, 179 ; Gareth Sambidge
pages 17, 45, 101, 117, 125, 185.

Traduit de l'anglais par Catherine Vandevyvere.
Mise en pages : les PAOistes.

Pour l'éditeur, le principe est d'utiliser des papiers
composés de fibres naturelles, renouvelables, recy-
clables et fabriquées à partir de bois issus de forêts qui
adoptent un système d'aménagement durable.
En outre, l'éditeur attend de ses fournisseurs de papier
qu'ils s'inscrivent dans une démarche de certification
environnementale reconnue.

ISBN : 978-2-501-05773-8
Dépôt légal : juin 2008
Codif. : 40.4608.2 / 01
Imprimé en Espagne par Quebecor-Cayfosa

sommaire

introduction

Il est très important de surveiller ce que nous mangeons. Mais attention ! Il ne s'agit pas de « faire régime ». En effet, à court terme, un régime amaigrissant permet de perdre quelques kilos. Mais une fois le régime terminé, les kilos reviennent. Donc, méfiance ! Un régime n'aide pas forcément à adopter les bonnes habitudes alimentaires.

changer ses habitudes pour manger sainement

Le changement le plus important consiste à réduire la quantité de graisses dans notre alimentation. Éliminer toutes les graisses est évidemment irréaliste et à vrai dire, déconseillé, car elles sont essentielles à l'apport en vitamines A, D, E et K, et à la production de nouvelles cellules et hormones. Mais nous consommons généralement plus de graisses que nécessaire.

Les livres et les magazines nous inondent de conseils en matière de régimes amaigrissants, d'articles sur les bonnes et les mauvaises graisses, les aliments à éviter, les meilleures méthodes de cuisson… Pour la plupart d'entre nous, mettre ces conseils en pratique, traduire cette avalanche d'informations en gestes quotidiens, changer des habitudes alimentaires de toute une vie relèvent de la mission impossible.

cuisiner léger

Mangez moins gras, mangez sainement ! Dans cet ouvrage, nous allons vous aider à transformer tous ces conseils, certes bienveillants mais un peu flous, en recettes concrètes et en repas équilibrés.
Tout d'abord, apportez plus d'importance au choix de vos aliments. Manger sainement, c'est manger tous les jours des repas équilibrés composés de féculents, de légumes et de protéines en quantités à peu près égales. En mangeant correctement à chacun des trois repas de la journée, on évite les grignotages et les en-cas souvent trop sucrés et trop gras.
Cuisiner pour toute une famille n'est pas facile car les besoins et les goûts diffèrent. Réunissez vos proches et sélectionnez ensemble quelques recettes de cet ouvrage. Chaque recette peut être simplifiée pour mieux s'adapter aux goûts des tout petits.

faire ses courses

Rédiger une liste de courses vous aidera à passer devant les rayons des plats préparés, d'amuse-gueules et de sucreries, sans craquer. Beaucoup de produits existent en version plus « light » : remplacez le lait entier par du lait demi-écrémé ou écrémé, le yaourt classique par son substitut maigre, la crème fraîche épaisse par son équivalent léger. Vous pouvez aussi remplacer le beurre par de la margarine allégée.

Redécouvrez l'impressionnante profusion de fruits et légumes à votre disposition. Savez-vous que l'ananas et la mangue contiennent autant de vitamines C que l'orange et le kiwi ? Bien qu'acheter des fruits et légumes frais de saison soit l'idéal, le rayon surgelés propose tout de même des produits dignes d'intérêt : fèves fraîches, maïs doux ou encore fruits rouges comme framboises et myrtilles.

La viande n'est pas interdite, pourvu qu'elle soit choisie avec discernement. Même le porc, réputé gras, contient des morceaux maigres, notamment le filet. Vous pouvez aussi trouver de la viande de porc hachée maigre. Si vous n'en trouvez pas, qu'à cela ne tienne ! Hachez vous-même un morceau de filet. Si vous aimez l'agneau, choisissez de l'épaule ou du gigot, plus maigres que d'autres parties.

Le blanc de poulet est une viande maigre. Enlevez la peau pour obtenir un morceau encore plus maigre. La dinde est également une viande maigre : pensez-y pour remplacer le jambon dans vos sandwichs.

Investissez dans un spray à huile, une formule qui permettra de graisser une poêle sans excès. Si vous n'en trouvez pas, essuyez l'huile en surplus avec du papier absorbant avant de faire frire tout aliment.

Pour réduire efficacement votre consommation de graisses saturées, mangez du poisson à la place de la viande, deux à trois fois par semaine. Un filet de poisson frais, simplement assaisonné et grillé, voilà la base d'un bon repas, sain et savoureux. À défaut, utilisez du poisson surgelé.

Attention, les gâteaux et les biscuits industriels contiennent beaucoup de mauvaises graisses. Traverser les rayons de confiseries sans s'y arrêter ne signifie pas qu'on ne peut pas se faire plaisir.

Bien que les gâteaux et les biscuits faits maison ne soient pas exempts de gras, on peut contrôler la quantité et surtout la qualité des matières grasses contenues dans les pâtisseries que l'on confectionne soi-même.

matériel

Si votre objectif est de réduire durablement votre consommation de graisses, n'hésitez pas à investir dans un cuiseur à vapeur, un appareil qui permet de cuire plusieurs aliments à la fois au-dessus d'une seule source de chaleur. La cuisson à la vapeur préserve la saveur des légumes – rendant le sel superflu – mais aussi les vitamines, contrairement à la cuisson à l'eau.

Une grande poêle à frire ou un wok de qualité, antiadhésif avec couvercle, fait aussi partie des indispensables. Le revêtement antiadhésif permet de cuire les aliments sans utilisation de matière grasse. Mais attention, la cuisson « à sec » nécessite une parfaite maîtrise de la température : si elle est trop basse, les aliments collent à la poêle, et si elle est trop élevée, les aliments brûlent sans cuire. Utilisez toujours des ustensiles adaptés de manière à ne pas rayer le fond.

La poêle-gril vous rappellera les barbecues d'été. La cuisson de viande sur cet ustensile permet de laisser s'écouler le gras. Préchauffez la poêle pendant 10 minutes avant d'y griller les aliments. Privilégiez la fonte qui garde bien la chaleur. Un peu sur le même principe, vous avez aussi le gril (électrique ou barbecue) qui permet de cuire les aliments tout en évacuant l'excès de gras.

cuisson

Avant de faire frire un aliment, demandez-vous s'il ne vaut mieux pas le griller ou le rôtir. Ces méthodes de cuisson permettent aussi de parfumer vos viandes ou poissons. Par exemple, déposez des tranches de citron sur un morceau de saumon ou agrémentez de fines herbes le jus avec lequel vous arrosez des filets de poulet.

Pour les légumes, la cuisson dans la friture peut être remplacée par la cuisson au four. Préparez de délicieuses frites en tournant des bâtonnets de pommes de terre dans un peu d'huile salée puis en les faisant cuire 20 minutes dans un four préchauffé à 200 °C.

Préparez vos ragoûts à l'avance. Au bout d'une nuit passée dans le réfrigérateur, leur parfum se sera renforcé et vous n'aurez plus qu'à retirer le gras qui se sera solidifié à la surface.

suggestions de présentation

Vous pouvez rendre vos délicieux repas, équilibrés et pauvres en graisses, encore plus appétissants en soignant la présentation. Ainsi, le choix des assiettes a son importance : une portion moyenne sur une petite assiette paraîtra toujours plus fournie que la même portion sur une grande assiette.

Avec vos pommes de terre au four, essayez le yaourt grec à la place du beurre. Supprimez le beurre avec le pain, ou frottez ce dernier avec un peu d'huile d'olive. Pensez à griller le pain pour vos tartines du matin : de la confiture sur du pain chaud ne nécessite pas de beurre. Un coulis de framboises sera bien meilleur qu'une cuillerée de crème fraîche entière sur une salade de fruits.

Remplacez la mayonnaise industrielle par d'autres sauces moins grasses. Le chutney à la mangue, par exemple, se marie à merveille à toutes sortes de plats.

Le secret d'une cuisine allégée réussie consiste à introduire toutes sortes de parfums pour remplacer la richesse des graisses. Servez des légumes savoureux et l'absence d'une sauce crémeuse passera inaperçue. Mélangez les courgettes et les poivrons rouges, les fèves et les haricots, mêlez les poivrons cuits au four et les pommes de terre à la vapeur, et ajoutez en fin de cuisson de vos légumes vapeur de la ciboulette et du persil ciselés ainsi qu'un peu de zeste de citron râpé.

Dès que vous aurez commencé à changer vos habitudes, vous ne regretterez pas d'avoir décidé de diminuer la quantité de graisses dans votre alimentation. Vous ressentirez aussitôt un regain d'énergie car, lorsque vous mangez trop gras, votre organisme dépense de l'énergie pour transformer et stocker les graisses. Et lorsque vous avez plus d'énergie, vous êtes plus actif et donc plus à même de prendre soin de votre santé.

Espérons qu'avec cet ouvrage, vous changerez durablement vos habitudes alimentaires. Bon appétit !

quotidien

porc épicé, riz frit et légumes verts

Pour **4 personnes**
Préparation **15 minutes**
   + marinade
Cuisson **20 minutes**

200 g de **riz basmati**
3 c. à s. de **sauce hoisin**
2 gousses d'**ail** pilées
5 cm de **gingembre** frais
   râpé
1 **piment rouge** émincé
1 **étoile d'anis** (badiane)
1 c. à s. de **concentré
   de tomates**
300 g de **filet de porc**
   coupé en fines lanières
huile de tournesol en spray
1 **oignon rouge** haché
125 g de **chou** haché
   finement
1 **carotte** émincée
graines de **sésame** grillées

Faites cuire le riz dans de l'eau bouillante salée
16 à 18 minutes. Égouttez-le et réservez-le.

Pendant ce temps, mélangez la sauce hoisin, l'ail,
le gingembre, le piment, l'anis étoilé et le concentré
de tomates. Tournez les lanières de porc dans cette
préparation, couvrez et laissez reposer environ
1 heure.

Faites chauffer un wok à feu vif. Huilez-le légèrement.
Sortez le porc de la marinade et faites-le revenir environ
1 minute dans le wok. Ajoutez l'oignon, le chou, la
carotte, puis le riz. Remuez et faites chauffer le tout
à feu vif 3 minutes environ, jusqu'à ce que le riz soit
bien chaud. Parsemez de graines de sésame et servez
aussitôt.

Pour une version plus rapide, faites mariner le porc
dans de la sauce hoisin et remplacez le riz par des
nouilles ou par du riz cuit surgelé.

satay au poulet

Pour **3 ou 4 personnes**
Préparation **10 minutes**
  + marinade
Cuisson **10 minutes**

25 g de **beurre
  de cacahuètes**
  sans morceaux
125 ml de **sauce soja**
125 ml de **jus de citron vert**
15 g de **curry** en poudre
2 gousses d'**ail** hachées
1 c. à c. de **sauce
  pimentée forte**
6 **blancs de poulet**
  sans la peau
  (de 125 g chacun)
  coupés en gros dés

Faites tremper 12 brochettes en bois dans de l'eau chaude. Mélangez le beurre de cacahuètes, la sauce soja, le jus de citron vert, le curry, l'ail et la sauce pimentée dans un grand saladier.

Tournez les dés de poulet dans cette préparation et laissez mariner au moins 8 heures au réfrigérateur, et si possible, toute une nuit.

Enfilez les dés de poulet sur les brochettes. Posez ces dernières sur une grille recouverte de papier d'aluminium. Faites cuire environ 5 minutes de chaque côté, sous le gril d'un four préchauffé.

Pour une version au porc, faites mariner des dés de porc dans un mélange composé de 3 gousses d'ail pilées, de ½ cuillerée à café de cumin en poudre, de ½ cuillerée à café de cannelle an poudre, de 1 cuillerée à café de coriandre en poudre, de 1 cuillerée à café de curcuma, de 2 cuillerées à café de sucre en poudre, de 2 cuillerées à soupe de jus de citron vert, de 4 petits oignons blancs émincés et de 2 cuillerées à soupe d'huile d'olive.

poulet au citron et au persil

Pour **4 personnes**
Préparation **5 minutes**
Cuisson **8 minutes**

4 **blancs de poulet**
  sans la peau
  (de 125 g chacun)
1 c. à s. d'**huile d'olive**
25 g de **beurre**
2 c. à s. de **jus de citron**
3 c. à s. de **persil** ciselé
1 c. à s. d'**origan** ciselé
sel et **poivre**
quartiers de **citron**
  pour servir

Coupez les blancs de poulet en deux dans l'épaisseur à l'aide d'un couteau bien aiguisé. Déposez les moitiés de filets sur une grille recouverte de papier d'aluminium et assaisonnez-les.

Versez l'huile d'olive, le beurre, le jus de citron, le persil et l'origan dans une petite casserole et faites chauffer jusqu'à ce que le beurre soit fondu. Badigeonnez les blancs de poulet avec ce mélange, à l'aide d'une cuillère ou d'un pinceau.

Faites cuire le poulet environ 4 minutes sous le gril d'un four préchauffé, en plusieurs fois. La viande doit être juste cuite et très moelleuse. Servez dès la sortie du four avec des quartiers de citron.

Accompagnement suggéré : des pâtes au blé complet.

Pour une version plus épicée, ajoutez un piment rouge épépiné et haché finement dans la marinade, puis faites griller le poulet comme indiqué ci-dessus. Coupez le poulet en lanières et servez-le dans des tortillas réchauffées, avec de la salade.

chiches-kebabs au bœuf et poivrons

Pour **4 personnes**
Préparation **15 minutes**
  + marinade
Cuisson **10 minutes**

400 g de **bœuf** (rumsteck
  ou tende de tranche)
1 **poivron rouge** épépiné
1 **poivron vert** épépiné
1 c. à c. de **graines
  de coriandre** écrasées
3 c. à s. d'**huile végétale**
15 g de **coriandre** ciselée
1 **piment rouge** épépiné
  et haché
1 gousse d'**ail** pilée
2 c. à s. de **jus de citron
  vert**
4 **chapatis** (galettes
  de pain sans levain)
sel et **poivre**

Faites tremper 8 brochettes en bois dans de l'eau chaude. Coupez le bœuf et les poivrons en dés de 2,5 cm.

Mélangez les graines de coriandre, 2 cuillerées à soupe d'huile et la moitié des feuilles de coriandre. Assaisonnez selon votre goût. Tournez la viande et les poivrons dans cette préparation.

Enfilez le bœuf et les poivrons sur les brochettes, couvrez et placez 1 heure au réfrigérateur.

Mélangez le reste de coriandre et d'huile avec le piment, l'ail et le jus de citron vert. Assaisonnez selon votre goût et réservez.

Faites cuire les brochettes 15 minutes sous le gril d'un four préchauffé. Tournez-les et arrosez-les souvent de marinade. Faites chauffer les chapatis sous le gril.

Servez 2 brochettes par personne, posées sur les chapatis chauds. Arrosez avec la sauce à la coriandre.

Pour un plat sauté, faites revenir le bœuf et les poivrons dans une cocotte, avec la marinade. Servez avec de la semoule ou des nouilles.

haddock en papillote et riz à la noix de coco

Pour **4 personnes**
Préparation **15 minutes**
Cuisson **20 minutes**

4 filets de **haddock**
(de 150 g chacun)
4 c. à s. de **coriandre**
ciselée
1 **piment rouge** haché
1 **échalote** émincée
1 **citron vert** coupé
en tranches + quelques
quartiers pour décorer
1 bâton de **lemon-grass**
haché grossièrement
1 bâton de **lemon-grass**
entaillé
200 g de **riz thaï**
2 feuilles de **citronnier kaffir**
fraîches ou séchées
50 ml de **lait de coco** allégé

Découpez 4 carrés de papier sulfurisé de 30 cm de côté. Déposez un filet de haddock au centre de chaque carré et répartissez la coriandre, le piment, l'échalote, les tranches de citron vert et le lemon-grass haché sur les filets. Fermez les papillotes.

Déposez les papillotes sur une plaque de cuisson et faites cuire 20 minutes dans un four préchauffé à 180 °C.

Pendant ce temps, portez 400 ml d'eau à ébullition. Jetez le riz dans l'eau bouillante avec la tige de lemon-grass entaillée et les feuilles de citronnier kaffir, et faites cuire 10 à 12 minutes. Incorporez le lait de coco quand toute l'eau a été absorbée. Servez ce riz parfumé avec les papillotes et décorez avec des quartiers de citron vert.

Vous pouvez remplacer les filets de haddock par des filets de cabillaud ou de loup (ou d'un autre poisson blanc à chair ferme).

saumon à la salsa cajun

Pour **4 personnes**
Préparation **15 minutes**
Cuisson **8 minutes**

3 c. à s. de mélange
  d'**épices cajun**
1 c. à c. d'**origan** séché
4 filets de **saumon**
  de 75 g chacun)
huile de tournesol
quartiers de **citron vert**
  pour décorer

Salsa cajun
410 g de **haricots cornilles**
  (haricots blancs avec
  un œil noir) en boîte,
  rincés et égouttés
2 c. à s. d'**huile d'olive**
1 **avocat** pelé, dénoyauté
  et coupé en morceaux
2 **tomates** allongées
  (type roma) hachées
  finement
1 **poivron jaune** épépiné
  et haché finement
2 c. à s. de **jus de citron
  vert**
sel et **poivre**

Mélangez les épices cajun et l'origan dans une coupelle.

Badigeonnez les filets de saumon sur les deux faces avec un peu d'huile de tournesol. Tournez les filets dans les épices en veillant à ce que le poisson soit parfaitement enrobé. Réservez.

Préparez la salsa en mélangeant tous les ingrédients dans un saladier. Assaisonnez selon votre goût et réservez.

Faites cuire le saumon dans une poêle à frire préalablement chauffée, 4 minutes de chaque côté. N'utilisez pas d'huile.

Servez les filets de saumon avec la salsa cajun et des quartiers de citron vert.

Pour une salsa verte, égouttez et hachez finement 6 filets d'anchois à l'huile, et mélangez-les à 3 cuillerées à soupe de basilic ciselé, 3 cuillerées à soupe de persil ciselé (ou de ciboulette), 2 cuillerées à café de câpres hachés grossièrement, 2 cuillerées à café de moutarde de Dijon, 3 cuillerées à soupe d'huile d'olive et 1 ½ cuillerée à soupe de vinaigre blanc.

brochettes de crevettes

Pour **4 personnes**
Préparation **10 minutes**
Cuisson **10 minutes**

50 g de **cornichons** hachés finement
50 g de **concombre** haché finement
1 **échalote** hachée finement
50 ml d'**huile d'olive**
1 ½ c. à s. de **vinaigre blanc**
1 c. à s. d'**aneth** ciselé
400 g de grosses **crevettes** crues
sel et **poivre**

Faites tremper 12 brochettes en bois dans de l'eau chaude. Mélangez les cornichons, le concombre et l'échalote dans un bol. À part, mélangez l'huile, le vinaigre et l'aneth, et assaisonnez selon votre goût.

Enfilez 4 crevettes par brochette et faites cuire 10 minutes sous le gril d'un four préchauffé. Tournez les brochettes une ou deux fois au cours de la cuisson.

Disposez les brochettes sur 4 assiettes. Versez la vinaigrette sur le mélange cornichons-concombre-échalote et mélangez. Versez cette sauce sur les crevettes.

Accompagnement suggéré : des pommes de terre nouvelles.

Pour le brunch du dimanche, confectionnez cette savoureuse sauce basses calories pour agrémenter une assiette de saumon fumé.

filets de carrelet à la noix de coco

Pour **4 personnes**
Préparation **10 minutes**
Cuisson **15 minutes**

30 g de **noix de coco**
  séchée
50 g de **chapelure**
2 c. à s. de **ciboulette**
  ciselée
1 pincée de **paprika**
4 filets de **carrelet**
  sans la peau
sel et **poivre**
quartiers de **citron vert**

Mélangez la noix de coco, la chapelure, la ciboulette et le paprika. Assaisonnez selon votre goût.

Disposez les filets de carrelet sur une plaque de cuisson, saupoudrez de chapelure à la noix de coco et faites cuire 15 minutes dans un four préchauffé à 180 °C.

Servez les filets de poisson avec des quartiers de citron vert.

Accompagnement suggéré : des pommes de terre au four et de la roquette.

Pour une version au haddock, remplacez les filets de carrelet par la même quantité de haddock. Cette chapelure à la noix de coco s'allie à merveille à tous les poissons blancs, notamment le loup, le cabillaud et le merlu.

penne aux tomates rôties

Pour **4 personnes**
Préparation **15 minutes**
Cuisson **15 minutes**

500 g de **tomates cerises**
coupées en deux
2 c. à s. d'**huile d'olive**
2 gousses d'**ail** hachées
finement
4 ou 5 brins de **romarin**
1 grosse pincée de **paprika
fumé** ou de piment
en poudre
375 g de **penne** ou
de rigattoni au blé complet
2 c. à s. de **vinaigre
balsamique**
4 c. à s. de **crème fraîche**
légère
sel et **poivre**
copeaux de **parmesan**
pour servir

Mettez les tomates dans un plat à rôtir. Arrosez d'huile et parsemez d'ail haché, de romarin et de paprika fumé (ou de piment en poudre). Assaisonnez légèrement. Faites cuire 15 minutes dans un four préchauffé à 200 °C, jusqu'à ce que les tomates soient bien moelleuses.

Pendant ce temps, faites cuire les pâtes 10 à 12 minutes dans une grande quantité d'eau bouillante. Égouttez-les quand elles sont *al dente*.

Versez le vinaigre balsamique sur les tomates. Ajoutez les pâtes égouttées et la crème fraîche. Remuez. Servez avec du parmesan en copeaux.

Vous pouvez remplacer la crème fraîche par 4 cuillerées à soupe de ricotta allégée.

tagine d'agneau aux pruneaux

Pour **4 personnes**
Préparation **15 minutes**
Cuisson **1 heure**
  à 1 heure 15

huile d'olive en spray
625 g de viande d'**agneau**
  maigre, coupée
  en morceaux
1 **oignon rouge** haché
1 **carotte** pelée et coupée
  en rondelles
1 c. à c. de **paprika**
1 c. à c. de **coriandre**
  en poudre
1 c. à c. de **graines**
  de fenouil
1 bâton (3 cm) de **cannelle**
2 gousses d'**ail** pilées
2 feuilles de **laurier**
2 c. à s. de **jus de citron**
  vert
750 ml de **bouillon**
  de poulet
75 g de **pruneaux**
400 g de **tomates**
  concassées en boîte
65 g d'**orge perlé**
15 g de **coriandre** ciselée
+ quelques brins
  pour décorer
1 c. à s. de **jus de citron**
  vert
400 g de **semoule**
sel et **poivre**

Faites chauffer une grande cocotte. Huilez-la légèrement et faites-y dorer les morceaux d'agneau, si nécessaire en plusieurs fois. Retirez l'agneau à l'aide d'une écumoire. Faites revenir rapidement l'oignon et les rondelles de carotte dans la cocotte. Remettez les morceaux de viande dans la cocotte, ajoutez le paprika, la coriandre en poudre, les graines de fenouil, la cannelle, l'ail, le laurier, 2 cuillerées à soupe de jus de citron vert, le bouillon, les pruneaux, les tomates concassées et l'orge. Assaisonnez à volonté.

Couvrez et laissez mijoter 1 heure. En fin de cuisson, ajoutez la coriandre ciselée et 1 cuillerée à soupe de jus de citron vert.

Pendant ce temps, faites cuire la semoule en suivant les instructions de l'emballage et laissez reposer 5 minutes. Servez le tagine bien chaud sur la semoule. Décorez avec quelques brins de coriandre.

Pour une version au bœuf, remplacez l'agneau par la même quantité de bœuf.

hamburgers à la dinde et patates douces

Pour **6 personnes**
Préparation **15 minutes**
  + réfrigération
Cuisson **40 minutes**

750 g de **patates douces**
  avec la peau, lavées
  et coupées en quartiers
2 c. à s. d'**huile**
  de tournesol
500 g de **dinde** hachée
½ **poivron rouge** épépiné
  et haché
325 g de **maïs doux**
  en boîte, rincé et égoutté
1 **oignon** haché
1 **œuf** battu
6 **petits pains** complets
6 feuilles de **laitue**
2 ou 3 **tomates** coupées
  en rondelles
sel et **poivre**

Tournez les quartiers de patates douces dans 1 cuillerée à soupe d'huile de tournesol. Assaisonnez selon votre goût et faites cuire 30 minutes dans un four préchauffé à 200 °C. Remuez à la mi-cuisson.

Pendant ce temps, mélangez la dinde hachée, le poivron rouge, le maïs et l'oignon dans un grand saladier. Assaisonnez selon votre goût puis ajoutez l'œuf. Façonnez 6 boulettes de viande et réservez-les au réfrigérateur.

Faites chauffer 1 cuillerée à soupe d'huile dans une poêle à frire, à feu moyen. Aplatissez les boulettes à la dinde en galettes et faites-les dorer à la poêle 2 minutes de chaque côté, en deux fois. Ensuite, posez-les sur une plaque de cuisson et enfournez pour 15 minutes, en dessous des patates douces.

Coupez les petits pains en deux et faites-les chauffer, côté coupé vers le bas, dans la poêle chaude. Quand ils sont chauds, garnissez-les de salade, de tomates et de galettes de viande. Servez les hamburgers avec les quartiers de patates douces.

Pour une version végétarienne, remplacez la dinde par la même quantité de quorn haché ou de purée de pommes de terre.

poulet aux haricots rouges

Pour **4 personnes**
Préparation **15 minutes**
Cuisson **20 ou 25 minutes**

huile de tournesol en spray
1 **oignon** haché
  grossièrement
1 **poivron rouge** épépiné
  et haché grossièrement
1 gousse d'**ail** coupée
  en deux
250 g de chair de **cuisses
  de poulet**, sans la peau
  et coupées en dés
  de 3 cm
2 c. à c. de **piment doux**
  en poudre
200 g de **riz à longs grains**
410 g de **haricots rouges**
  en boîte, rincés et égouttés
400 g de **tomates cerises**
200 ml de **bouillon
  de poulet**
sel et **poivre**

Pour servir
coriandre ciselée
quartiers de **citron vert**

Faites chauffer un grand poêlon résistant au four. Huilez-le légèrement. Faites-y revenir l'oignon, le poivron, l'ail et le poulet 3 minutes à feu moyen, en remuant constamment.

Ajoutez le piment en poudre, le riz, les haricots, les tomates et le bouillon. Assaisonnez selon votre goût. Portez à ébullition et laissez mijoter 15 minutes.

Quand le poulet et le riz sont cuits, faites remonter un maximum de dés de poulet en surface et faites dorer sous le gril d'un four préchauffé.

Parsemez de coriandre ciselée et servez avec des quartiers de citron vert.

Pour une variante aux pois chiches, remplacez les haricots rouges par la même quantité de pois chiches en boîte. Ajoutez ½ cuillerée à café de cannelle en poudre, ½ cuillerée à café de gingembre en poudre et le jus de ½ citron, en même temps que le piment, le riz, les tomates et le bouillon. Faites cuire comme indiqué ci-dessus puis décorez avec quelques feuilles de coriandre et de menthe ciselées.

porc épicé et riz à l'ananas

Pour **4 personnes**
Préparation **20 minutes**
  + marinade
Cuisson **15 minutes**

2 c. à s. d'**huile
  de tournesol**
2 c. à s. de **jus de citron
  vert**
2 gousses d'**ail** pilées
1 **piment rouge** épépiné,
  haché finement
300 g de **filet de porc**
  coupé en dés
200 g de **riz thaï**
6 petits **oignons blancs**
  émincés
200 g d'**ananas** pelé
  et coupé en morceaux
½ **oignon rouge** coupé
  en quartiers
1 **citron vert** coupé
  en quartiers
sel et **poivre**
sauce aux piments doux

Faites tremper 8 brochettes en bois dans de l'eau chaude. Mélangez l'huile, le jus de citron vert, l'ail, le piment, du sel et du poivre dans un saladier. Tournez les dés de porc dans cette marinade. Couvrez et placez au moins 1 heure au réfrigérateur.

Pendant ce temps, faites cuire le riz dans de l'eau bouillante légèrement salée 12 à 15 minutes (ou le temps indiqué sur le paquet). Égouttez-le puis ajoutez-y les petits oignons blancs et l'ananas.

Enfilez les morceaux de viande sur les brochettes en intercalant des quartiers d'oignon rouge et de citron vert. Faites cuire environ 10 minutes sous le gril d'un four préchauffé. Tournez régulièrement les brochettes et arrosez-les souvent avec de la marinade.

Disposez les brochettes sur les assiettes, avec le riz à l'ananas et la sauce aux piments doux, et servez aussitôt.

Pour une version au poulet, remplacez le porc par la même quantité de blancs de poulet. Coupez chaque filet en deux puis faites-les mariner et griller comme indiqué ci-dessus.

soupe au poulet, nouilles et miso

Pour **4 personnes**
Préparation **15 minutes**
Cuisson **20 minutes**

huile de tournesol en spray
5 cm de **gingembre** frais,
  pelé et haché
3 gousses d'**ail** pilées
1 pincée de **piment**
  en poudre
1 ½ c. à s. de **miso**
  (pâte de soja fermentée)
2 c. à s. de **jus de citron
  vert**
200 g de **nouilles** fines
  aux œufs
2 **blancs de poulet**
  (de 125 g chacun)
  coupés en fines lanières
125 g de champignons
  shiitake émincés
65 g d'**épis de maïs
  miniatures** coupés
  en morceaux
200 g de **pois mange-tout**
  coupés en deux
85 g de **cresson**
  sans les tiges dures
sauce soja pour servir

Faites chauffer une grande casserole. Huilez-la légèrement et faites-y revenir le gingembre, l'ail et le piment pendant 1 minute. Versez 1,8 litre d'eau bouillante. Quand le mélange frémit, ajoutez le miso, le jus de citron vert et les nouilles. Faites cuire 1 minute. Couvrez puis réservez.

Faites chauffer un grand wok ou une poêle à frire, huilez-le légèrement et faites-y revenir le poulet, les champignons et le maïs 2 à 3 minutes. Ajoutez les pois mange-tout et poursuivez la cuisson 2 minutes.

Versez la soupe dans 4 bols. Répartissez les légumes et le poulet dans les bols et terminez avec le cresson. Servez de la sauce soja à part.

Pour une version végétarienne, remplacez le poulet par la même quantité de tofu ferme coupé en dés.

dip aux fèves et aux fines herbes

Pour **4 personnes**
Préparation **5 minutes**
  + réfrigération
Cuisson **15 minutes**

375 g de **fèves** fraîches
  ou surgelées
50 g de **persil** haché
  grossièrement
50 g de **coriandre** hachée
  grossièrement
1 ou 2 **piments verts**
  épépinés et hachés
2 gousses d'**ail** hachées
1 ½ c. à c. de **cumin**
  en poudre
3 c. à s. d'**huile d'olive**
1 **oignon** émincé
sel et **poivre**

Faites cuire les fèves 5 minutes dans de l'eau bouillante légèrement salée. Ajoutez le persil et la coriandre, couvrez et laissez frémir 5 minutes. Égouttez les fèves en réservant une partie de l'eau de cuisson.

Dans un robot, mélangez les fèves avec les piments, l'ail, le cumin, 2 cuillerées à soupe d'huile d'olive et 3 à 4 cuillerées à soupe d'eau de cuisson des fèves. Mixez jusqu'à obtention d'une pâte lisse et assaisonnez. Si le mélange est trop sec, ajoutez un peu d'eau de cuisson. Versez le dip dans un bol et placez-le au réfrigérateur.

Faites chauffer 1 cuillerée à soupe d'huile dans une poêle antiadhésive. Faites revenir rapidement l'oignon. Lorsqu'il est doré et croustillant, versez l'oignon sur le dip.

Accompagnement suggéré : pitas au blé complet ou crudités.

Pour un dip aux aubergines, emballez 2 aubergines dans du papier d'aluminium et faites-les cuire 30 à 45 minutes dans un four préchauffé à 180 °C. Évidez-les et écrasez la chair avec 2 ou 3 gousses d'ail hachées, 2 cuillerées à soupe d'huile d'olive et 1 cuillerée à soupe de jus de citron. Assaisonnez selon votre goût.

loup de mer et nouilles, sauce teriyaki

Pour **4 personnes**
Préparation **5 minutes**
Cuisson **10 minutes**

huile de tournesol en spray
4 filets de **loup**
  (de 175 g chacun)
250 g de **nouilles** aux œufs
1 c. à s. d'**huile de sésame**
2 c. à s. de **ciboulette**
  ciselée
3 petits **oignons blancs**
  hachés finement

Sauce teriyaki
75 ml de **mirin** ou de xérès
  sec
75 ml de **sauce soja** claire
75 ml de **bouillon de poulet**

Pour la sauce teriyaki, dans une casserole, portez à ébullition le mirin (ou le xérès). Laissez-le frémir 2 minutes pour qu'il réduise de moitié. Ajoutez la sauce soja puis le bouillon, remuez et retirez la casserole du feu.

Déposez une feuille de papier d'aluminium dans le fond d'une poêle-gril. Huilez-la légèrement et disposez-y les filets de loup. Badigeonnez le poisson de sauce teriyaki et faites-le cuire 5 à 6 minutes sous le gril d'un four préchauffé. Arrosez régulièrement de sauce.

Pendant ce temps, faites cuire les nouilles dans de l'eau bouillante légèrement salée 3 minutes (ou le temps indiqué sur le paquet). Égouttez-les et ajoutez-y l'huile de sésame, la ciboulette et les petits oignons.

Servez les filets de loup sur un lit de nouilles chaudes. S'il reste de la sauce dans la poêle, versez-la sur le poisson.

Pour une version au thon ou au poulet, remplacez le loup par la même quantité de darnes de thon ou de blancs de poulet. Quand la cuisson est terminée, coupez le thon ou le poulet en morceaux et mélangez-les aux nouilles.

chiche-kebab à l'agneau mariné et à la menthe

Pour **4 personnes**
Préparation **15 minutes**
 + marinade
Cuisson **10 minutes**

1 gousse d'**ail** pilée
2 c. à s. de **menthe** ciselée
1 c. à s. de **sauce
 à la menthe** toute prête
150 g de **yaourt** nature
 maigre
375 g de viande d'**agneau**
 maigre, coupée
 en morceaux
2 petits **oignons** coupés
 en quartiers
1 **poivron vert** épépiné
 et coupé en morceaux
quartiers de **citron**
 pour servir

Mélangez l'ail, la menthe fraîche, la sauce à la menthe et le yaourt dans un saladier. Ajoutez l'agneau et remuez soigneusement. Couvrez et laissez mariner 10 minutes dans un endroit frais.

Enfilez les morceaux d'agneau, les quartiers d'oignons et les morceaux de poivron sur 8 brochettes en métal. Faites-les cuire 8 à 10 minutes sous le gril d'un four préchauffé.

Servez les brochettes avec quelques quartiers de citron.

Accompagnement suggéré : une salade verte et de la semoule.

Pour une version chinoise, faites mariner l'agneau dans un mélange de gingembre frais (5 cm) pelé et râpé finement, 4 cuillerées à soupe de sauce soja, 4 cuillerées à soupe de xérès sec, 1 cuillerée à café de sucre en poudre et 1 cuillerée à soupe de jus de citron. Faites griller comme indiqué ci-dessus.

chapatis au thon

Pour **4 personnes**
Préparation **10 minutes**
Cuisson **15 minutes**

2 **tomates** mûres
1 **oignon rouge** pelé
   et haché finement
1 c. à s. de **jus de citron
   vert** (ou plus, selon votre
   goût)
8 **chapatis** (galettes de pain
   sans levain)
300 g de **thon au naturel**
   en boîte, égoutté
150 g de **cheddar** allégé
   râpé
sel et **poivre**
coriandre ciselée
   pour décorer

Coupez les tomates en morceaux et mélangez-les avec l'oignon. Assaisonnez généreusement et ajoutez du jus de citron vert.

Déposez une partie des tomates sur les chapatis. Répartissez ensuite le thon émietté et la moitié du cheddar. Enroulez les chapatis et disposez-les dans un plat à gratin. Parsemez de cheddar râpé restant et de tomates à l'oignon.

Faites gratiner 15 minutes dans un four préchauffé à 200 °C. Décorez avec la coriandre et servez aussitôt.

Pour une version végétarienne, remplacez le thon par 2 courgettes et 12 champignons que vous aurez émincés et cuits.

Pour une version plus relevée, ajoutez un piment jalapeño haché dans la préparation aux tomates et à l'oignon.

saumon et boulgour pilaf

Pour **4 personnes**
Préparation **10 minutes**
Cuisson **10 à 15 minutes**

475 g de **saumon**
   sans la peau
250 g de **boulgour**
75 g de **petits pois** surgelés
200 g de **haricots verts**
   coupés en tronçons
2 c. à s. de **ciboulette**
   ciselée
2 c. à s. de **persil plat** ciselé
sel et **poivre**

Pour servir
2 **citrons** coupés en deux
yaourt maigre

Faites cuire le saumon environ 10 minutes à la vapeur ou au micro-ondes. Vous pouvez aussi le faire cuire 15 minutes dans un four préchauffé à 180 °C, après l'avoir emballé dans du papier d'aluminium.

Pendant ce temps, faites cuire le boulgour en suivant les instructions du paquet. Faites cuire les petits pois et les haricots verts. Vous pouvez aussi cuire le boulgour, les petits pois et les haricots en même temps que le saumon, à la vapeur.

Émiettez le saumon et mélangez-le au boulgour, aux petits pois et aux haricots verts. Ajoutez la ciboulette et le persil, puis assaisonnez. Servez aussitôt, avec des quartiers de citron et du yaourt nature.

Pour une variante à la semoule ou au riz complet, remplacez le boulgour par la même quantité de semoule ou de riz complet. Servez avec du yaourt nature et éventuellement une touche d'harissa.

agneau et hoummous sur tortillas

Pour **4 personnes**
Préparation **30 minutes**
  + marinade
Cuisson **12 minutes**

500 g de filet d'**agneau**
  coupé en tranches
  de 1,5 cm
le **jus** et le **zeste** râpé
  de 1 **citron**
1 brin de **romarin** effeuillé
3 **poivrons** de différentes
  couleurs, épépinés
  et coupés en morceaux
1 petite **aubergine**
  coupée en tranches
4 **tortillas**

Hoummous
410 g de **pois chiches**
  en boîte, rincés et égouttés
2 c. à s. de **yaourt grec**
2 c. à s. de **jus de citron**
1 c. à s. de **persil** ciselé

Mettez l'agneau, le jus et le zeste de citron, le romarin et les poivrons dans un plat non métallique. Remuez. Couvrez et laissez mariner 30 minutes au frais.

Pendant ce temps, versez tous les ingrédients de l'hoummous dans un robot et mixez-les 30 secondes. Transvasez la préparation dans un bol.

Faites chauffer une plaque en fonte (ou une poêle à frire à fond épais). Faites-y revenir l'agneau, le mélange aux poivrons et l'aubergine 3 à 4 minutes, jusqu'à ce que l'agneau soit cuit. Procédez en plusieurs fois si nécessaire.

Faites chauffer les tortillas en suivant les instructions du paquet. Quand l'agneau et les légumes sont prêts, enroulez-les dans les tortillas. Servez aussitôt, avec l'hoummous et éventuellement quelques feuilles de roquette.

Pour une version végétarienne, coupez les légumes suivants en morceaux : 1 aubergine, 1 poivron rouge, 2 courgettes et 1 oignon rouge. Versez un filet d'huile d'olive sur les légumes et saupoudrez de 1 cuillerée à café de thym séché. Faites cuire 45 minutes dans un four préchauffé à 200 °C. Quand les légumes sont cuits, emballez-les dans les tortillas réchauffées. Servez avec l'hoummous.

porc, nouilles et poivrons rouges

Pour **4 personnes**
Préparation **30 minutes**
Cuisson **10 minutes**

150 g de **nouilles de riz**
en rubans
huile de tournesol en spray
3 petits **oignons blancs**
émincés
1 **poivron rouge** coupé
en morceaux
2 feuilles de **citronnier kaffir**
déchiquetées
2 **piments rouges** épépinés
et émincés
½ bâton de **lemon-grass**
haché finement
450 g de **filet de porc**
coupé en petits morceaux
2 c. à s. de **sauce soja**
175 ml de **nuoc-mâm**
65 g de **sucre de palme**
ou de sucre roux

Pour décorer
feuilles de **basilic**
(pourpre ou vert)
petits **oignons blancs**
émincés

Faites cuire les nouilles en suivant les instructions du paquet.

Faites chauffer un wok ou une grande poêle à frire. Huilez-le légèrement. Faites-y sauter les petits oignons blancs, le poivron, les feuilles de citronnier kaffir, les piments et le lemon-grass 1 minute. Ajoutez la viande et faites revenir 2 minutes à feu vif.

Ajoutez ensuite la sauce soja, le nuoc-mâm, le sucre et les nouilles égouttées, et poursuivez la cuisson 2 minutes. Utilisez deux cuillères pour soulever les nouilles afin de bien les enduire et de les réchauffer.

Décorez avec le basilic et les oignons blancs émincés, et servez aussitôt.

Pour une variante au poulet ou au bœuf, remplacez le porc par la même quantité de dés de poulet ou de bœuf.

brochettes de poisson

Pour **4 personnes**
Préparation **10 minutes**
Cuisson **5 minutes**

500 g de filets de **haddock**
  sans la peau, coupés
  en morceaux
1 c. à s. de **menthe** ciselée
2 c. à s. de **coriandre**
  ciselée
2 c. à c. de pâte de **curry
  rouge**
2 feuilles de citronnier **kaffir**
  hachées finement ou le
  zeste râpé de 1 citron vert
2 bâtons de **lemon-grass**
  coupés en quatre
  dans la longueur
huile de tournesol

Pour servir
sauce aux piments doux
4 quartiers de **citron vert**

Mettez le haddock, la menthe, la coriandre, la pâte de curry et les feuilles de citronnier kaffir (ou le zeste de citron vert) dans un robot, et mixez 30 secondes pour obtenir d'un mélange homogène.

Divisez la pâte en 8 parts égales et modelez chaque boulette de pâte autour d'une tige de lemon-grass.

Badigeonnez ces « brochettes » d'un peu d'huile de tournesol et faites-les cuire 4 à 5 minutes sous le gril d'un four préchauffé. Servez avec un quartier de citron et de la sauce aux piments doux.

Pour une version au cabillaud, remplacez le haddock par la même quantité de cabillaud. Vous pouvez utiliser, pour cette recette, n'importe quel poisson blanc à chair ferme, notamment de la lotte.

haricots blancs en casserole et sauce au persil

Pour **4 personnes**
Préparation **15 minutes**
Cuisson **20 minutes**

75 g de **pancetta** en dés
1 **oignon** haché
1 gousse d'**ail** hachée
1 c. à s. de **thym** effeuillé
1 **carotte** pelée et coupée
 en morceaux
400 g de **haricots blancs**
 en boîte, rincés et égouttés
400 g de **tomates**
 concassées en boîte
200 ml de **bouillon**
 de poulet
1 c. à s. de **concentré**
 de tomates
½ c. à c. de **moutarde**
 en poudre
sel et **poivre**
copeaux de **parmesan**
 pour servir

Sauce au persil
20 g de **persil plat**
1 gousse d'**ail**
25 g de **pignons de pin**
 grillés
1 c. à s. d'**huile d'olive**
 vierge extra

Faites chauffer une grande poêle à frire antiadhésive et faites-y revenir les dés de pancetta, sans matière grasse. Ajoutez l'oignon, l'ail, le thym et la carotte, puis les haricots blancs, les tomates, le bouillon, le concentré de tomates et la moutarde. Assaisonnez et laissez mijoter 10 minutes, jusqu'à épaississement.

Pendant ce temps, préparez la sauce au persil. Mélangez le persil, l'ail, les pignons et l'huile d'olive, puis assaisonnez.

Servez la pancetta et la préparation aux haricots avec la sauce au persil et des copeaux de parmesan.

Pour une version végétarienne, mélangez 200 g de riz à longs grains cuit et refroidi avec la sauce au persil et une boîte de haricots blancs rincés et égouttés. Ajoutez des tomates cerises coupées en deux et des petits dés de poivron rouge.

crevettes sur lit de feuilles vertes

Pour **4 personnes**
Préparation **10 minutes**
Cuisson **5 minutes**

huile d'olive en spray
20 grosses **crevettes** crues,
  non décortiquées
1 gousse d'**ail** hachée
125 g de **tomates** allongées
  (type roma) coupées
  en morceaux
50 g de **roquette**
50 g d'**épinards**,
  sans les tiges dures
50 g de **cresson**,
  sans les tiges dures
1 c. à s. de **jus de citron**
sel et **poivre**

Faites chauffer une grande cocotte. Huilez-la légèrement. Mettez les crevettes et l'ail dans la cocotte, et assaisonnez selon votre goût. Couvrez hermétiquement et faites cuire environ 3 minutes, en agitant de temps en temps la cocotte.

Ajoutez les tomates, la roquette, les épinards et le cresson, et remuez. Quand les feuilles commencent à flétrir, ajoutez le jus de citron et rectifiez l'assaisonnement.

Servez aussitôt, avec de la baguette fraîche.

Pour une version aux Saint-Jacques, remplacez les crevettes par la même quantité de noix de Saint-Jacques nettoyées (veillez à ne pas abîmer le corail). Versez un filet d'huile d'olive sur les noix et assaisonnez. Faites-les cuire dans une poêle bien chaude ou sur une plaque en fonte, 2 à 3 minutes de chaque côté. Retirez les noix de Saint-Jacques de la poêle pour y faire ramollir les feuilles de roquette, d'épinards et de cresson. Réchauffez les Saint-Jacques quelques instants dans la poêle, juste avant de servir.

tortillas au poulet et salsa à la tomate

Pour **4 personnes**
Préparation **15 minutes**
+ réfrigération
Cuisson **10 minutes**

1 c. à s. d'**huile d'olive**
1 gros **oignon rouge**
émincé
1 **poivron rouge** épépiné
et émincé
1 **poivron jaune** épépiné
et émincé
450 g de **blancs de poulet**
sans la peau, coupés
en fines lanières
1 pincée de **paprika**
1 pincée de **piment
doux** en poudre
1 pincée de **cumin**
en poudre
¼ de c. à c. d'**origan** séché
4 **tortillas** au blé
½ **laitue iceberg** coupée
en fines lanières

Salsa à la tomate
1 petit **oignon rouge** haché
finement
425 g de **petites tomates
rondes**, coupées
en petits morceaux
2 gousses d'**ail** pilées
1 grosse poignée
de **coriandre** ciselée
poivre

Pour la salsa, mélangez l'oignon, les tomates, l'ail
et la coriandre dans un saladier. Poivrez, couvrez et
placez 30 minutes au réfrigérateur.

Faites chauffer l'huile d'olive dans un wok et faites-y
revenir l'oignon et les poivrons 3 à 4 minutes. Ajoutez
le poulet, le paprika, le piment, le cumin et l'origan,
et poursuivez la cuisson 5 minutes, jusqu'à ce que le
poulet soit cuit.

Pendant ce temps, emballez les tortillas dans du
papier d'aluminium et réchauffez-les 5 minutes au four
(ou le temps indiqué sur le paquet).

Répartissez la préparation au poulet au centre des
tortillas. Ajoutez quelques cuillerées de salsa et quelques
feuilles de laitue. Enroulez les tortillas et servez bien chaud.

Pour une salsa à l'avocat, pelez, dénoyautez et coupez
en petits dés 2 gros avocats bien mûrs. Ajoutez
4 tomates allongées coupées en petits morceaux,
1 petit oignon rouge haché finement, une boîte de
300 g de haricots cornilles (haricots blancs à l'œil noir)
rincés et égouttés, 2 cuillerées à soupe de coriandre
ciselée, et enfin, le jus et le zeste râpé de 1 citron vert.

poulet chinois aux poivrons

Pour **4 personnes**
Préparation **10 minutes**
Cuisson **18 minutes**

5 cm de **gingembre** frais
  râpé
2 gousses d'**ail** hachées
2 **étoiles d'anis** (badiane)
5 c. à s. de **sauce teriyaki**
  toute prête
3 **blancs de poulet** sans
  la peau, coupés en dés
huile de tournesol en spray
½ **poivron rouge** épépiné
  et coupé en morceaux
½ **poivron vert** épépiné
  et coupé en morceaux
½ **poivron jaune** épépiné
  et coupé en morceaux
2 petits **oignons blancs**
  émincés
300 g de **riz à longs grains**
600 ml de **bouillon**
  de poulet

Mélangez le gingembre, l'ail, l'anis étoilé et la sauce teriyaki. Tournez les dés de poulet dans cette préparation et laissez-les mariner 10 minutes.

Pendant ce temps, faites chauffer une poêle à frire. Huilez-la légèrement et faites-y revenir les poivrons 3 minutes à feu moyen. Ajoutez les petits oignons blancs, le riz, le poulet mariné et le bouillon de poulet. Assaisonnez et laissez mijoter 15 minutes. Servez bien chaud.

Pour une version épicée au porc, faites mariner 4 côtes de porc avec l'ail, le gingembre, la sauce teriyaki et l'anis étoilé 15 minutes au moins. Faites griller les côtes de porc et 2 poivrons jaunes (épépinés et coupés en deux) pendant 15 minutes, en retournant souvent la viande. Servez avec des nouilles en accompagnement.

frittata aux courgettes et à la menthe

Pour **4 personnes**
Préparation **10 minutes**
Cuisson **12 à 14 minutes**

4 c. à c. d'**huile d'olive**
1 **oignon rouge** émincé
375 g de **courgettes**
  coupées en dés
6 **œufs**
2 c. à s. de **menthe** ciselée
sel et **poivre**

Faites chauffer l'huile dans un grand poêlon anti-adhésif résistant au four, et faites-y revenir l'oignon et les courgettes pendant 5 minutes à feu doux. Arrêtez la cuisson lorsque les légumes sont légèrement dorés.

Fouettez ensemble les œufs, 2 cuillerées à soupe d'eau et la menthe ciselée. Assaisonnez. Versez ce mélange dans le poêlon et faites cuire, sans remuer, 4 à 5 minutes, jusqu'à ce que le dessous soit bien doré.

Glissez le poêlon sous le gril du four et faites dorer 3 à 4 minutes. Coupez la frittata en quartiers ou en carrés.

Accompagnement suggéré : du mesclun.

Pour une version à la viande, faites revenir du chorizo, du bacon, du salami ou du jambon en même temps que les courgettes. Vous pouvez aussi remplacer la menthe par du cresson, de la roquette hachée ou du persil.

pois chiches et tomates en casserole

Pour **4 personnes**
Préparation **10 minutes**
Cuisson **30 minutes**

3 gousses d'**ail** pilées
3 brins de **romarin**
1 kg de **tomates rondes**
  coupées en deux
huile d'olive en spray
1 **oignon doux** haché
2 c. à s. de **romarin** séché
1 **piment rouge** épépiné
  et haché
50 ml de **bouillon**
  de légumes
2 x 410 g de **pois chiches**
  en boîte, rincés et égouttés
sel et **poivre**

Mélangez l'ail, les brins de romarin et les tomates. Versez cette préparation dans un plat à gratin et faites cuire 30 minutes dans un four préchauffé à 200 °C.

Pendant ce temps, huilez légèrement une cocotte et faites blondir l'oignon pendant 10 minutes. Ajoutez le romarin séché, le piment, le bouillon et les pois chiches. Assaisonnez, couvrez et faites cuire 20 minutes au four.

Quand les tomates sont cuites, mélangez-les aux pois chiches, avec le jus de cuisson. Rectifiez l'assaisonnement.

Accompagnement suggéré : des pommes de terre au four et une salade verte.

Pour une version aux lentilles, remplacez les pois chiches par 2 boîtes de 410 g de lentilles. Vous pouvez utiliser, pour cette recette, d'autres légumes secs en conserve. Si vous choisissez des lentilles ou des haricots secs, pensez à les faire tremper avant de les cuire, en suivant les instructions du paquet.

agneau grillé aux câpres

Pour **4 personnes**
Préparation **10 minutes**
Cuisson **10 minutes**

4 tranches de **gigot
d'agneau** (de 125 g
chacune), soigneusement
dégraissées
6 c. à s. de **persil plat**
ciselé + quelques brins
pour décorer
1 gousse d'**ail** pilée
12 **tomates séchées**
1 c. à s. de **jus de citron**
1 c. à s. d'**huile d'olive**
2 c. à s. de **câpres** rincées
sel et **poivre**

Assaisonnez la viande et faites-la dorer sous le gril
du four, environ 5 minutes de chaque côté.

Réservez 4 cuillerées à soupe de persil ciselé. Mixez
le persil restant avec l'ail, les tomates séchées, le jus
de citron et l'huile d'olive.

Versez la sauce obtenue sur les tranches d'agneau.
Parsemez de persil ciselé et de câpres, et décorez
avec les brins de persil.

Accompagnement suggéré : des pâtes.

Pour une version plus parfumée, remplacez la sauce
de cette recette par de la tapenade mélangée à 6 cuillerées à soupe de persil plat ciselé. Si vous souhaitez
préparer la tapenade vous-même, mixez 150 g d'olives
noires dénoyautées, 3 cuillerées à soupe d'huile d'olive
vierge extra, 1 gousse d'ail et 2 filets d'anchois. Poivrez.
Ajoutez du persil plat ciselé selon votre goût.

thon au sésame et nouilles épicées

Pour **4 personnes**
Préparation **10 minutes**
Cuisson **10 minutes**

300 g de **vermicelles de riz**
50 g de graines de **sésame**
4 darnes de **thon**
  (de 150 g chacune)

Sauce piquante
2 gousses d'**ail** hachées
5 cm de **gingembre** frais
  pelé et râpé
4 c. à s. de **sauce**
  aux piments doux
20 g de **coriandre**
  + quelques feuilles
  pour décorer
2 c. à s. d'**huile végétale**
1 **piment** haché
2 c. à s. d'**huile de sésame**
2 c. à s. de **vinaigre de riz**

Préparez la sauce en mélangeant ensemble tous les ingrédients. Faites cuire les vermicelles en suivant les instructions du paquet puis réservez-les.

Tournez les darnes de thon dans les graines de sésame, en pressant bien. Faites chauffer une grande poêle à frire à fond épais et faites-y cuire le thon 1 à 2 minutes de chaque côté (selon l'épaisseur), sans matière grasse. Le thon est cuit lorsque les darnes sont encore rosées au centre.

Coupez les darnes en grosses lanières. Versez la sauce piquante sur les vermicelles bien chauds et déposez le thon dessus. Décorez avec quelques feuilles de coriandre et servez aussitôt.

Pour une version épicée au tofu, faites mariner 500 g de tofu dans la sauce puis faites-le sauter à feu vif. Servez les dés de tofu sur les vermicelles bien chauds.

pizzas au prosciutto et à la roquette

Pour **4 personnes**
Préparation **10 minutes**
Cuisson **10 minutes**

4 **fonds de pizza** individuels
2 gousses d'**ail** coupées
  en deux
250 g de **mozzarella**
  allégée, émiettée
8 **tomates cerises** coupées
  en quatre
150 g de **prosciutto**
  en tranches
50 g de **roquette** lavée
vinaigre balsamique,
  selon votre goût
sel et **poivre**

Frottez les fonds de pizza avec l'ail.

Disposez les fonds sur une plaque de cuisson.
Garnissez de mozzarella et de tomates, et faites cuire
10 minutes dans un four préchauffé à 200 °C, jusqu'à
ce que la pâte soit dorée.

Déposez des morceaux de prosciutto et des feuilles
de roquette sur les pizzas. Salez, poivrez et versez du
vinaigre balsamique en filet, selon votre goût. Servez
aussitôt.

Pour des pizzas au thon et à l'ananas, égouttez
et coupez en morceaux 220 g d'ananas au sirop en
boîte. Égouttez et émiettez 160 g de thon au naturel.
Garnissez les fonds de pizza avec la mozzarella, les
tomates, le thon et l'ananas, puis enfournez.

rouleaux aux crevettes, à la mangue et à l'avocat

Pour **4 personnes**
Préparation **10 minutes**

2 c. à s. de **crème fraîche**
   légère
2 c. à c. de **ketchup**
quelques gouttes
   de **Tabasco**
300 g de **crevettes** cuites
   et décortiquées
1 **mangue** pelée,
   dénoyautée et coupée
   en tranches fines
1 **avocat** pelé, dénoyauté
   et coupé en tranches
4 **tortillas**
100 g de **cresson**

Mélangez la crème fraîche, le ketchup et le Tabasco dans un saladier.

Ajoutez les crevettes, la mangue et l'avocat, et mélangez.

Répartissez la préparation sur les tortillas puis ajoutez quelques feuilles de cresson. Enroulez les tortillas et servez.

Pour une variante relevée au poulet, remplacez les crevettes par 300 g de poulet que vous ferez mariner pendant 20 minutes dans le mélange suivant : 1 cuillerée à soupe de jus de citron ou de citron vert, 1 cuillerée à soupe de sauce Worcestershire et 1 gousse d'ail hachée. Faites ensuite cuire le poulet 10 minutes sous le gril d'un four préchauffé, en le retournant souvent. Coupez le poulet en lanières.

spécial

espadon, semoule et salsa

Pour **4 personnes**
Préparation **10 minutes**
Cuisson **10 minutes**

4 darnes d'**espadon**
  (de 150 g chacune)
4 ou 5 petites **tomates**
  bien mûres
16 **olives noires**
  en saumure, égouttées
2 c. à s. de **persil plat** ciselé
200 g de **semoule**
sel et **poivre**

Salez et poivrez les darnes d'espadon.

Coupez les tomates en dés ou en quartiers et mettez-les dans un saladier, avec le jus. Dénoyautez les olives, hachez-les et ajoutez-les aux tomates. Ajoutez le persil, assaisonnez puis réservez.

Faites cuire la semoule en suivant les instructions du paquet. Réservez.

Pendant ce temps, préchauffez une poêle-gril. Faites-y cuire les darnes d'espadon, deux par deux, pendant 4 minutes d'un côté, sans y toucher, puis retournez-les et poursuivez la cuisson 1 minute.

Servez aussitôt, avec la semoule et la salsa aux tomates et aux olives.

Accompagnement suggéré : une salade verte.

Vous pouvez remplacer l'espadon par la même quantité de thon, de haddock ou de truite.

riz japonais au nori

Pour **4 personnes**
Préparation **10 minutes**
Cuisson **15 minutes**

225 g de **riz à sushi**
   (riz gluant)
2 c. à s. de graines
   de **sésame** noires
   ou blanches
1 c. à c. de **gros sel**
1 c. à s. d'**huile d'arachide**
   ou végétale
2 **œufs** battus
4 petits **oignons blancs**
   émincés
1 **piment rouge** épépiné
   et émincé
4 c. à s. de **vinaigre de riz**
2 c. à c. de **sucre**
   en poudre
1 c. à s. de **sauce soja**
   claire
25 g de **gingembre mariné**
2 feuilles de **nori** grillées
   (algue)

Versez le riz dans une casserole avec 400 ml d'eau. Portez à ébullition puis réduisez le feu et laissez frémir 5 minutes, sans couvrir, jusqu'à ce que toute l'eau soit absorbée. Couvrez et laissez reposer 5 minutes.

Pendant ce temps, faites griller les graines de sésame et le sel dans une poêle à frire pendant 2 minutes à feu doux. Retirez la poêle du feu et réservez.

Faites chauffer l'huile dans une poêle et faites-y cuire les œufs en omelette. Glissez l'omelette sur une assiette, enroulez-la puis émiettez-la.

Versez le riz cuit dans un saladier et ajoutez-y les petits oignons blancs, le piment, le vinaigre, le sucre, la sauce soja, le gingembre et la moitié des graines de sésame grillées. Émiettez une feuille de nori au-dessus du riz, ajoutez les œufs puis mélangez.

Transvasez le tout dans un plat de service. Émiettez la deuxième feuille de nori, parsemez de graines de sésame et servez aussitôt.

Pour une version aux nouilles, remplacez le riz par 200 g de nouilles japonaises au sarrasin et au blé (nouilles soba) que vous ferez cuire en suivant les instructions du paquet.

loup à la sauce tomate-basilic

Pour **4 personnes**
Préparation **10 minutes**
Cuisson **30 minutes**

8 **tomates** allongées
   (type roma) coupées
   en deux
2 c. à s. de **jus de citron**
le **zeste** râpé de 1 **citron**
   + quelques filaments
   pour décorer
4 filets de **loup de mer**
   (de 150 g chacun)
2 c. à s. de **basilic** ciselé
2 c. à s. d'**huile d'olive**
   vierge extra
sel et **poivre**

Pour décorer
feuilles de **basilic**
quartiers de **citron**

Cette sauce peut être préparée jusqu'à deux jours à l'avance. Disposez les tomates dans un plat à gratin. Assaisonnez généreusement et faites cuire 20 minutes dans un four préchauffé à 200 °C.

Transvasez les tomates et leur jus dans une casserole et finissez de les cuire à feu doux, avec le jus de citron et le zeste. Assaisonnez et réservez jusqu'au moment de servir.

Assaisonnez les filets de loup et faites-les cuire 10 minutes sous le gril d'un four préchauffé, jusqu'à ce que le poisson soit cuit.

Pendant ce temps, réchauffez la sauce. Ajoutez le basilic et l'huile d'olive dans les tomates, mélangez, puis versez la sauce sur les filets de poisson. Décorez avec des feuilles de basilic, un peu de zeste de citron râpé et des quartiers de citron.

Pour un plat de pâtes, versez la sauce aux tomates et au basilic sur des spaghettis ou des tagliatelles.

saumon et lentilles du Puy au persil

Pour **4 personnes**
Préparation **15 minutes**
Cuisson **35 minutes**

200 g de **lentilles du Puy**
1 feuille de **laurier**
200 g de **haricots verts** fins
  coupés en tronçons
25 g de **persil plat** ciselé
2 c. à s. de **moutarde**
  de Dijon
2 c. à s. de **câpres** rincées
  et hachées
2 c. à s. d'**huile d'olive**
2 **citrons** émincés
500 g environ de filets
  de **saumon**
1 bulbe de **fenouil** émincé
sel et **poivre**
quelques brins d'**aneth**
  pour décorer

Versez les lentilles dans une casserole, avec une feuille de laurier. Couvrez d'eau. Ne salez pas. Portez à ébullition puis réduisez le feu et laissez frémir 30 minutes jusqu'à ce que les lentilles soient cuites. Assaisonnez, ajoutez les haricots verts et poursuivez la cuisson 1 minute. Égouttez puis ajoutez le persil, la moutarde, les câpres et l'huile d'olive. Ôtez la feuille de laurier.

Pendant ce temps, mettez une feuille de papier d'aluminium sur une grille. Déposez-y les tranches de citron, puis disposez les filets de saumon dessus et terminez avec les tranches de fenouil. Assaisonnez et passez sous le gril d'un four préchauffé environ 10 minutes, jusqu'à ce que le poisson soit cuit.

Servez les filets de saumon sur les lentilles et le fenouil. Décorez avec des brins d'aneth.

Pour une cuisson au barbecue, déposez le saumon ou un autre poisson (du loup de mer, par exemple) sur une couche de tranches de citron pour protéger le poisson de la chaleur du feu et parfumer les filets. La cuisson avec du citron donne un délicieux goût à tous les poissons.

brochettes de lotte
aux haricots blancs et au pesto

Pour **2 personnes**
Préparation **10 minutes**
Cuisson **10 à 15 minutes**

250 g de **lotte** coupée
  en 6 tronçons
6 tranches de **jambon**
  de Parme
6 **tomates cerises**
1 **poivron jaune** épépiné
  et coupé en six
1 c. à s. d'**huile d'olive**
300 g de **haricots blancs**
  en boîte, rincés et égouttés
2 c. à s. de **pesto** tout prêt

Faites tremper 2 brochettes en bois dans de l'eau chaude. Emballez chaque morceau de lotte dans une tranche de jambon et enfilez-les sur les brochettes en intercalant des tomates cerises et des morceaux de poivron jaune. Badigeonnez d'huile d'olive et faites cuire 3 à 4 minutes sous le gril d'un four préchauffé. Tournez les brochettes et poursuivez la cuisson 3 minutes, jusqu'à ce que le poisson soit cuit.

Versez les haricots blancs dans une casserole antiadhésive et faites chauffer 4 à 5 minutes à feu doux, en remuant, puis ajoutez le pesto.

Répartissez les haricots sur 2 assiettes, déposez les brochettes sur les haricots et servez aussitôt.

Vous pouvez remplacer la lotte par un autre poisson à chair ferme (espadon, loup de mer, etc.), facile à enfiler sur des brochettes. Vous pouvez aussi remplacer le pesto par une sauce au persil (voir page 60).

agneau farci au riz et aux poivrons

Pour **4 personnes**
Préparation **40 minutes**
Cuisson **1 heure 20**

2 **poivrons rouges**
épépinés et coupés
en deux
50 g de **riz sauvage** cuit
5 gousses d'**ail** hachées
5 **tomates séchées**
(conservées dans l'huile
d'olive) coupées
en morceaux
2 c. à s. de **persil plat** ciselé
625 g d'**épaule d'agneau**
désossée et aplatie
sel et **poivre**
4 moitiés d'**artichauts**

Disposez les poivrons dans un plat à gratin et faites-les cuire 20 minutes dans un four préchauffé à 180 °C, jusqu'à ce que la peau noircisse et cloque. Emballez-les dans du papier absorbant humide et réservez. Quand les poivrons peuvent être manipulés, retirez la peau et coupez-les en petits morceaux. (Laissez le four allumé.)

Mélangez un des poivrons avec le riz, l'ail, les tomates séchées et le persil. Assaisonnez.

Déposez l'épaule d'agneau sur une planche à découper et faites une large incision horizontale. Soulevez la partie supérieure, farcissez l'épaule avec le mélange précédent puis refermez. Soudez les deux parties à l'aide de petites brochettes en bois.

Faites cuire l'agneau 1 heure au four en l'arrosant régulièrement. Ajoutez les artichauts et le poivron restant 15 minutes avant la fin de la cuisson. Coupez l'épaule en tranches dès la sortie du four et servez aussitôt.

Accompagnement suggéré : des pommes de terre nouvelles rôties.

Pour une variante à la coriandre et à la menthe, mélangez le zeste râpé et le jus de 1 citron vert avec 2 petits oignons blancs hachés finement, 2 cuillerées à soupe de coriandre ciselée, 2 cuillerées à soupe de menthe ciselée, 2 cuillerées à soupe d'huile d'olive et 2 gousses d'ail hachées finement. Assaisonnez. Versez cette préparation sur l'agneau. Roulez l'épaule pour enfermer la farce et ficelez-la. Faites cuire comme indiqué ci-dessus.

rouleaux au sésame et au gingembre

Pour **4 personnes**
Préparation **15 minutes**
Cuisson **5 à 10 minutes**

Sauce sésame-gingembre
1 gousse d'**ail** hachée
5 cm de **gingembre** frais,
  pelé et haché
  grossièrement
3 c. à s. de **sucre roux**
4 c. à c. de **sauce soja**
5 c. à c. de **vinaigre de vin**
  ou de riz
2 c. à s. de **concentré
  de tomates**
2 c. à s. de graines
  de **sésame** + quelques
  graines pour décorer

Crêpes
8 **galettes de riz**
2 **carottes**
100 g de **germes de soja**
  (ou un mélange
  de germes)
1 petite poignée de **menthe**
  hachée grossièrement
1 bâton de **céleri** émincé
4 petits **oignons blancs**
  tranchés finement
  en biseau
1 c. à s. de **sauce soja**

Dans un robot, mixez tous les ingrédients de la sauce à l'exception des graines de sésame jusqu'à obtention d'une pâte lisse. Vous pouvez aussi réserver l'ail et le gingembre, et les incorporer aux autres ingrédients préalablement mixés. Ajoutez les graines de sésame et versez la sauce dans un plat de service.

Faites ramollir les galettes de riz en suivant les instructions du paquet. Détaillez les carottes en julienne et mélangez-les aux germes de soja. Ajoutez la menthe, le céleri, les petits oignons blancs et la sauce soja.

Répartissez la farce au centre de chaque galette. Repliez le bord inférieur vers le centre puis enroulez les galettes de manière à former des petites poches.

Faites cuire les rouleaux à la vapeur 5 minutes. Vous pouvez aussi les faire chauffer au-dessus d'un plat à gratin rempli d'eau bouillante. Pour cela, disposez-les sur une grille, posez la grille sur le plat et recouvrez le tout de papier d'aluminium. Parsemez de graines de sésame et servez aussitôt. Servez la sauce sésame-gingembre à part.

Pour une version aux prunes et au wasabi, faites cuire 250 g de prunes rouges dénoyautées et hachées, à couvert, avec 2 cuillerées à soupe d'eau, jusqu'à obtention d'une consistance moelleuse. Réduisez les fruits en purée et mélangez-les avec 1 cuillerée à soupe de sauce soja, un peu de pâte wasabi et du sucre en poudre à votre goût.

poulet mariné au citron vert et au piment

Pour **4 personnes**
Préparation **15 à 20 minutes**
  + marinade
Cuisson **10 minutes**

4 **blancs de poulet** sans
  la peau (de 125 g chacun)
4 **citrons verts**
2 gousses d'**ail** hachées
2 c. à s. de **piment rouge**
  frais ou séché, haché
50 ml d'**huile de tournesol**
200 g de **nouilles de riz**
2 c. à s. de **coriandre**
  ciselée pour décorer
sel et **poivre**

Faites tremper 12 brochettes en bois dans de l'eau chaude. Coupez le poulet en morceaux.

Râpez le zeste de 2 citrons verts et pressez-les. Mélangez le zeste et le jus avec l'ail, les piments et l'huile. Tournez les morceaux de poulet dans cette préparation. Salez et poivrez, puis laissez mariner 1 heure.

Enfilez les morceaux de poulet sur les brochettes sans les surcharger. Coupez les 2 citrons restants en deux. Faites cuire le poulet et les moitiés de citrons sous le gril du four ou sur une plaque en fonte préchauffée 10 minutes environ.

Pendant ce temps, faites cuire les nouilles en suivant les instructions du paquet.

Servez le poulet parsemé de coriandre ciselée, avec les nouilles et les moitiés de citrons caramélisées.

Pour préparer une marinade tikka, émincez finement 1 oignon, 1 gros piment épépiné, 2 cm de gingembre frais et 2 gousses d'ail. Mélangez ces ingrédients avec 150 g de yaourt nature maigre, 3 cuillerées à café de pâte de curry doux et 4 cuillerées à soupe de coriandre ciselée. Faites mariner le poulet dans cette préparation puis faites-le cuire comme indiqué ci-dessus.

filet d'agneau aux pommes de terre, poireaux et artichauts

Pour **4 personnes**
Préparation **20 minutes**
Cuisson **35 à 45 minutes**

500 g de petites **pommes
de terre nouvelles**
1 c. à s. de feuilles
de **romarin**
400 g de **filet d'agneau**
coupé en petits morceaux
3 gousses d'**ail** coupées
en deux
390 d'**artichauts** en boîte,
rincés, égouttés et coupés
en deux
1 **poivron rouge** épépiné
et coupé en morceaux
200 g de petits **poireaux**
sel et **poivre**

Mettez les pommes de terre dans une grande casserole d'eau légèrement salée. Quand l'eau bout, égouttez immédiatement et mélangez les pommes de terre avec le romarin.

Disposez les pommes de terre dans un plat à gratin avec les dés d'agneau, l'ail, les artichauts et le poivron. Couvrez et faites cuire 30 à 40 minutes dans un four préchauffé à 180 °C, jusqu'à ce que les pommes de terre soient cuites. Pendant ce temps, faites cuire les poireaux à la vapeur.

Enlevez l'excès de gras et servez l'agneau avec les légumes rôtis, les poireaux et le jus de cuisson.

Pour une version aux fines herbes, arrosez les dés d'agneau avec 6 à 8 cuillerées à soupe de jus de citron et parsemez-les de ¼ de cuillerée à café d'origan séché et de ¼ de cuillerée à café de thym séché. Ajoutez 2 brins d'origan frais et 4 brins de thym citronné. Salez et poivrez, puis enfournez.

filet de porc mariné

Pour **4 personnes**
Préparation **5 minutes**
Cuisson **20 minutes**

2 **filets de porc**
  (de 250 g chacun)
1 c. à s. de **graines de lin**
150 ml de **vin blanc sec**

Marinade au soja et à l'ail
1 bâton de **cannelle**
2 c. à s. de **sauce soja**
2 gousses d'**ail** pilées
1 c. à c. de **gingembre** frais
  râpé
1 c. à s. de **miel** clair
1 c. à c. de **graines
  de coriandre** écrasées
1 c. à c. d'**huile de sésame**

Mélangez ensemble les ingrédients de la marinade. Disposez les filets de porc dans un plat peu profond, non métallique. Versez la marinade sur la viande et laissez reposer 2 ou 3 heures, de préférence toute une nuit.

Égouttez les filets en réservant la marinade. Tournez la viande dans les graines de lin en pressant bien.

Faites chauffer à feu vif un poêlon résistant au four. Saisissez la viande puis glissez le poêlon dans un four préchauffé à 180 °C. Faites cuire 18 à 20 minutes, jusqu'à ce que les filets soient bien dorés.

Pendant ce temps, retirez le bâton de cannelle de la marinade et versez cette dernière dans une casserole antiadhésive. Ajoutez le vin et portez à ébullition. Réduisez le feu et laissez frémir jusqu'à épaississement. Le mélange doit devenir brillant. Retirez la casserole du feu et réservez.

Sortez la viande du four et coupez-la en tranches de 5 mm d'épaisseur. Servez les tranches sur un lit de légumes à la vapeur (épinards ou bok choy, par exemple). Versez la sauce sur le tout.

Pour une marinade à l'orange, mélangez le zeste râpé de 1 orange avec 3 gousses d'ail pilées, les graines broyées de 8 gousses de cardamome, un peu de sel et de poivre. Faites mariner la viande dans ce mélange puis faites-la cuire comme indiqué ci-dessus.

crevettes au citron et aux tomates

Pour **4 personnes**
Préparation **10 minutes**
Cuisson **30 à 40 minutes**

huile d'olive en spray
1 **oignon** haché
2 gousses d'**ail** hachées
   finement
1 **carotte** hachée finement
1 bâton de **céleri** haché
   finement
25 ml de **vin blanc**
400 g de **tomates
   concassées** en boîte
300 g de grosses **crevettes**
   crues, décortiquées
le **zeste** râpé de 1 **citron**
750 g de **pommes de terre
   nouvelles** coupées
   en morceaux réguliers
1 c. à s. d'**huile d'olive**
50 g de **roquette**
   pour décorer
sel et **poivre**

Huilez légèrement une casserole moyenne. Ajoutez l'oignon, l'ail, la carotte et le céleri, et faites cuire 15 minutes à feu doux. Ajoutez quelques gouttes d'eau si le mélange devient trop sec. Augmentez le feu et ajoutez le vin et les tomates. Portez à ébullition, diminuez le feu et laissez mijoter 10 minutes jusqu'à épaississement.

Ajoutez les crevettes et faites-les cuire 3 à 4 minutes. Incorporez la moitié du zeste de citron.

Pendant ce temps, faites cuire les pommes de terre à la vapeur puis ajoutez-leur le restant de zeste et 1 cuillerée à soupe d'huile d'olive. Poivrez et servez-les avec les crevettes. Décorez avec quelques feuilles de roquette.

Pour une version composée, mélangez crevettes, calmars, moules et petits poulpes (300 g en tout).

poulet au pesto et à la polenta

Pour **4 personnes**
Préparation **15 minutes**
Cuisson **10 minutes**

4 **blancs de poulet**
  (de 125 g chacun)
25 g de **basilic** frais
2 c. à s. d'**huile d'olive**
2 c. à s. de **pignons de pin**
  grillés
1 gousse d'**ail** pelée
2 c. à s. de **parmesan** râpé
25 g de **roquette**
200 g de **polenta**
  cuisson rapide
sel et **poivre**

Coupez les filets de poulet en deux dans l'épaisseur. Assaisonnez les 8 morceaux.

Dans un robot, mixez finement le basilic, l'huile, les pignons, l'ail, le parmesan et les feuilles de roquette dans un robot. Réservez.

Faites cuire le poulet 5 à 7 minutes sous le gril d'un four préchauffé.

Pendant ce temps, versez la polenta dans 800 ml d'eau bouillante légèrement salée et faites-la cuire 2 minutes en remuant sans cesse. Incorporez-y le pesto à la roquette.

Servez les filets de poulet sur la polenta.

Pour une version aux pâtes, mélangez le pesto à des pâtes cuites refroidies et décorez avec quelques feuilles de roquette.

galettes aux pois cassés et aux poivrons

Pour **4 personnes**
Préparation **10 à 15 minutes**
+ réfrigération
Cuisson **40 à 50 minutes**

3 gousses d'**ail**
250 g de **pois cassés jaunes**
750 ml de **bouillon de légumes**
huile d'olive en spray
2 **poivrons rouges** coupés en deux et épépinés
1 **poivron jaune** coupé en deux et épépiné
1 **oignon rouge** coupé en morceaux
1 c. à s. de **menthe** ciselée
2 c. à s. de **câpres** rincées et hachées
farine
sel et **poivre**
tzatziki ou **raïta** tout prêt

Pelez 1 gousse d'ail et coupez-la en deux. Faites-la cuire avec les pois cassés, dans le bouillon de légumes, pendant 40 minutes. Assaisonnez et laissez refroidir légèrement.

Pendant ce temps, huilez légèrement un plat à gratin. Mettez les 2 gousses d'ail restantes dans le plat, avec les poivrons et l'oignon, et faites cuire 20 minutes dans un four préchauffé à 200 °C. Appuyez sur les gousses d'ail pour en extraire la pulpe que vous mélangerez aux légumes rôtis.

Mélangez les pois cassés avec les légumes, la menthe et les câpres. Farinez vos mains et façonnez des boulettes de cette préparation. Placez-les au réfrigérateur en attendant de les cuire.

Faites chauffer une poêle à frire et huilez-la légèrement. Faites cuire les galettes, si nécessaire en plusieurs fois, 2 minutes de chaque côté, sans y toucher. Servez ces petites galettes chaudes ou froides, décorées de feuilles de menthe, et proposez du tzatziki ou du raïta en accompagnement.

Pour une version plus rapide, remplacez les pois cassés par 2 x 410 g de pois chiches en boîte, rincés, égouttés et réduits en purée.

poulet au paprika
et sauce au vin rouge

Pour **4 personnes**
Préparation **15 minutes**
Cuisson **30 à 40 minutes**

1 tête d'**ail**
625 g de **pommes de terre nouvelles**
1 c. à s. de **romarin** ciselé
2 c. à s. d'**huile d'olive**
4 **blancs de poulet** sans la peau (de 150 g chacun), coupés en dés
1 **oignon doux** haché
1 **poivron rouge** épépiné et haché
1 feuille de **laurier**
3 brins de **thym**
1 c. à s. de **paprika fumé**
400 ml de **vin rouge**
250 ml de **bouillon de poulet**
sel et **poivre**

Faites rôtir la tête d'ail 30 minutes dans un four préchauffé à 200 °C. En même temps, faites rôtir les pommes de terre, pendant 30 minutes, avec un peu de romarin et de sel.

Faites chauffer l'huile dans une casserole et faites-y dorer le poulet. Ajoutez l'oignon, le poivron, la feuille de laurier, le thym et le paprika fumé. Assaisonnez et faites cuire, en remuant régulièrement, jusqu'à ce que les légumes soient moelleux. Ajoutez le vin et le bouillon, et poursuivez la cuisson 20 minutes jusqu'à ce que le liquide réduise.

Pressez les gousses d'ail pour en extraire la pulpe. Mélangez l'ail (en totalité ou en partie) avec les dés de poulet et les légumes. Poivrez si nécessaire.

Retirez la feuille de laurier et le thym, et servez aussitôt, avec les pommes de terre rôties.

Accompagnement suggéré : un mélange de jeunes carottes et de petites courgettes ou du chou vert haché.

Pour confectionner un dip en un tournemain,
pressez les gousses d'ail pour en extraire la pulpe. Mélangez la pulpe à de la crème fraîche légère et du yaourt grec maigre (dans les mêmes proportions). Assaisonnez selon votre goût.

filet de bœuf en croûte

Pour **4 personnes**
Préparation **15 minutes**
Cuisson **30 minutes**

1 **poivron rouge** coupé
en deux et épépiné
2 gousses d'**ail**
8 **olives noires** séchées,
dénoyautées
2 c. à c. d'**huile d'olive**
2 c. à c. de **câpres**
8 **échalotes** pelées
50 ml de **vinaigre
balsamique**
1 c. à c. de **sucre roux**
4 **biftecks de bœuf**
dans le filet
(de 100 g chacun)
sel et **poivre**

Faites cuire le poivron sous le gril du four jusqu'à
ce que sa peau noircisse. Retirez le poivron du four
et emballez-le dans du papier absorbant humide.
Lorsqu'il est suffisamment refroidi pour être manipulé,
pelez-le et coupez-le en morceaux.

Mixez l'ail, les olives, 1 cuillerée à café d'huile d'olive,
les câpres et le poivron.

Mettez les échalotes et l'huile restante dans une petite
casserole. Couvrez et faites cuire 15 minutes à feu
doux, en remuant régulièrement. Ajoutez le vinaigre
et le sucre, et poursuivez la cuisson 5 minutes, sans
couvrir, sans cesser de remuer.

Assaisonnez les steaks et faites-les cuire, deux par
deux, dans une poêle à fond épais préchauffée ou sur
une plaque en fonte. Cuisez-les d'un côté seulement
puis posez-les sur une plaque de cuisson. Répartissez
la préparation au poivron sur les steaks et poursuivez la cuisson 5 minutes dans un four préchauffé à
200 °C. Laissez reposer 5 minutes au chaud avant
de servir, avec les échalotes au vinaigre.

Accompagnement suggéré : du riz complet vapeur.

Pour un plat de pâtes, doublez la quantité de sauce
et utilisez-la pour agrémenter un plat de rigattoni ou
de penne. Mixez 2 poivrons rouges, 4 gousses d'ail,
16 olives noires dénoyautées, 4 cuillerées à café de
câpres et 2 cuillerées à café d'huile d'olive. Mélangez
ensuite cette sauce aux pâtes.

filet de porc au fenouil

Pour **4 personnes**
Préparation **20 minutes**
Cuisson **1 heure**

2 gousses d'**ail** émincées
2 c. à c. de **sucre roux**
2 c. à s. de **vinaigre balsamique**
500 g de **filet de porc**
1 **poivron rouge** épépiné et coupé en 8 morceaux
2 bulbes de **fenouil** émincés
50 ml de **bouillon de poulet**
1 c. à s. d'**huile d'olive**
200 g de **brocoli** coupé en morceaux
8 **tomates séchées** conservées dans l'huile d'olive
sel et **poivre**

Mélangez l'ail, le sucre et le vinaigre, et assaisonnez selon votre goût. Disposez le filet de porc dans un plat non métallique, arrosez-le de marinade et réservez pendant que vous préparez les légumes.

Mettez le poivron rouge, le fenouil, le bouillon et l'huile dans un plat à gratin. Salez et poivrez, et faites cuire 40 minutes dans un four préchauffé à 200 °C.

Sortez le filet de la marinade et ajoutez-le aux légumes. Poursuivez la cuisson 20 minutes, jusqu'à ce que la viande soit juste cuite et dorée. Ajoutez le brocoli et les tomates séchées 10 minutes avant la fin de la cuisson.

Coupez le filet en tranches que vous disposerez sur les assiettes, avec les légumes rôtis. Arrosez de jus de cuisson s'il y en a.

Accompagnement suggéré : du riz basmati ou du riz sauvage.

Vous pouvez remplacer le filet de porc par la même quantité de côtelettes d'agneau ou par un morceau de bœuf maigre.

salade indonésienne aux crevettes

Pour **4 personnes**
Préparation **20 minutes**
Cuisson **5 minutes**

125 g de **nouilles de riz**
65 g de **concombre** émincé
2 c. à s. de **vinaigre de riz**
2 c. à s. de **sucre** en poudre
1 **œuf** battu
huile en spray
4 **échalotes** émincées
2 gousses d'**ail** pilées
1 c. à c. de **gingembre** frais
   râpé
1 c. à c. de **coriandre**
   en poudre
2 **poivrons** hachés
3 **piments rouges** émincés
1 c. à s. de **nuoc-mâm**
250 g de grosses **crevettes**
   cuites, décortiquées
1 c. à s. de **sauce soja**
sel

Pour servir
feuilles de **coriandre**
3 c. à s. de **cacahuètes**
   grillées concassées
2 petits **oignons blancs**
   émincés
chips de crevette

Faites cuire les nouilles en suivant les instructions du paquet. Égouttez-les, rincez-les soigneusement et réservez-les.

Faites mariner les rondelles de concombre 5 minutes dans un mélange de vinaigre de riz et de sucre en poudre. Égouttez-les et réservez-les.

Mélangez l'œuf avec 3 cuillerées à soupe d'eau. Huilez légèrement un wok ou une grande poêle à frire et, quand l'huile est bien chaude, faites-y cuire l'œuf en omelette fine. Enroulez l'omelette, laissez-la refroidir puis émiettez-la.

Mélangez les échalotes, l'ail, le gingembre et la coriandre en poudre dans un saladier. Ajoutez les poivrons, les piments, le nuoc-mâm, les crevettes et les nouilles. Utilisez deux cuillères pour soulevez les nouilles et bien les enduire. Ajoutez la sauce soja et salez si nécessaire.

Versez la salade dans un plat de service, avec les morceaux d'omelette, le concombre vinaigré, les feuilles de coriandre, les cacahuètes et les petits oignons blancs. Servez les chips de crevette à part.

Pour une version à la viande, remplacez les crevettes par 250 g de porc cuit et haché grossièrement.

bœuf au tamarin et au lemon-grass

Pour **4 personnes**
Préparation **15 minutes**
Cuisson **12 minutes**

1 c. à s. d'**huile végétale**
500 g de **bœuf maigre**
   coupé en fines lanières
2 bâtons de **lemon-grass**
   hachés
6 **échalotes** hachées
2 **piments verts** hachés
3 c. à s. de **pâte de tamarin**
2 c. à s. de **jus de citron
   vert**
2 c. à c. de **nuoc-mâm**
2 c. à c. de **sucre roux**
200 g de **papaye verte**
   râpée

Faites chauffer l'huile dans un wok ou dans une poêle à frire. Ajoutez la viande et faites cuire 2 à 3 minutes à feu vif.

Ajoutez le lemon-grass, les échalotes et les piments, et faites revenir 5 minutes jusqu'à ce que la viande soit bien dorée.

Ajoutez la pâte de tamarin, le jus de citron vert, le nuoc-mâm, le sucre et la papaye, et poursuivez la cuisson 4 minutes. Servez aussitôt.

Accompagnement suggéré : du riz à la noix de coco (voir page 22) et une salade verte.

Pour une version végétarienne, procédez comme indiqué ci-dessus mais remplacez le bœuf par 250 g de tofu égoutté et coupé en tranches, 125 g de haricots verts, 125 g de champignons shiitake et 2 bok choy coupés en lanières.

végétarien

soupe aux pois chiches et à la tomate

Pour **4 personnes**
Préparation **15 minutes**
Cuisson **10 minutes**

1 c. à s. d'**huile d'olive**
1 **oignon** haché
   grossièrement
1 gousse d'**ail** pilée
1 **carotte** hachée
   grossièrement
1 **poivron rouge** épépiné
   et haché grossièrement
1 c. à c. de **graines**
   de cumin
500 ml de **bouillon**
   de légumes chaud
400 g de **tomates**
   concassées en boîte
410 g de **pois chiches**
   en boîte, rincés et égouttés
20 g de **graines de potiron**
20 g de **graines de sésame**
20 g de **graines**
   de tournesol
2 c. à s. de **coriandre**
   fraîche
sel et **poivre**

Faites chauffer l'huile à feu moyen dans une grande casserole. Ajoutez l'oignon, l'ail, la carotte, le poivron et les graines de cumin, et faites sauter à feu vif 1 minute. Ajoutez le bouillon et les tomates, et laissez frémir 5 minutes jusqu'à ce que les légumes soient cuits.

Pendant ce temps, faites griller à sec les graines de potiron, de sésame et de tournesol, à feu moyen, jusqu'à ce qu'elles soient dorées. Laissez refroidir.

Retirez la casserole de légumes du feu. Passez les légumes au moulin à légumes ou écrasez-les à la main. Incorporez les pois chiches et faites chauffer la soupe 2 minutes.

Assaisonnez, parsemez de graines grillées et de coriandre fraîche.

Accompagnement suggéré : du pain aux céréales croustillant.

Pour une soupe plus consistante, faites réduire le bouillon de moitié et servez avec de la semoule.

soupe aux carottes et aux pois chiches

Pour **4 personnes**
Préparation **25 minutes**
Cuisson **40 minutes**

1 c. à s. d'**huile
de tournesol**
1 gros **oignon** haché
500 g de **carottes** coupées
en morceaux
1 c. à c. de **cumin**
en poudre
1 c. à c. de **graines
de fenouil** écrasées
grossièrement
2 cm de **gingembre** frais
pelé et haché finement
1 gousse d'**ail** hachée
finement
410 g de **pois chiches**
en boîte, égouttés
1,2 litre de **bouillon
de légumes**
300 ml de **lait demi-écrémé**
sel et **poivre**

Pour décorer
1 c. à c. d'**huile
de tournesol**
40 g d'**amandes** effilées
1 pincée de **cumin**
en poudre
1 pincée de **paprika**

Faites chauffer l'huile dans une casserole, à feu doux, et faites-y blondir l'oignon 5 minutes, en remuant. Ajoutez les carottes, le cumin, les graines de fenouil, le gingembre et l'ail, et poursuivez la cuisson 1 minute.

Ajoutez les pois chiches et le bouillon. Assaisonnez légèrement. Portez à ébullition, couvrez et laissez mijoter 30 minutes jusqu'à ce que les légumes soient cuits.

Mixez les légumes dans un robot, si nécessaire en plusieurs fois, jusqu'à obtention d'un mélange lisse. Reversez la soupe dans la casserole et ajoutez le lait. Réchauffez à feu doux.

Pendant ce temps, préparez la garniture. Faites chauffer l'huile dans une petite poêle à frire et faites-y dorer les amandes, le cumin et le paprika 2 à 3 minutes.

Servez la soupe dans des bols. Parsemez d'amandes, de cumin et de paprika.

Accompagnement suggéré : du pain chaud.

Pour une soupe aux carottes et aux lentilles,
remplacez les pois chiches par 410 g de lentilles vertes en boîte. Vous pouvez utiliser d'autres légumes secs comme des haricots blancs.

gaspacho

Pour **4 personnes**
Préparation **15 minutes**
  + réfrigération
Cuisson **25 minutes**

750 g de **tomates**
  bien mûres
1 gros bulbe de **fenouil**
¾ de c. à c. de **graines
  de coriandre**
½ c. à c. de **grains
  de poivre** mélangés
1 c. à s. d'**huile d'olive**
  vierge extra
1 grosse gousse d'**ail** pilée
1 petit **oignon** haché
1 c. à s. de **vinaigre
  balsamique**
1 c. à s. de **jus de citron**
1 c. à s. d'**origan** ciselé
1 c. à c. de **concentré
  de tomates**
1 c. à c. bombée de **sel
  gemme**
olives vertes émincées
  pour décorer

Mettez les tomates dans une grande casserole et recouvrez-les d'eau bouillante. Laissez reposer 1 minute. Égouttez-les puis ôtez délicatement la peau. Coupez la chair en morceaux grossiers.

Jetez les feuilles vertes à la base du bulbe de fenouil. Émincez le bulbe et mettez-le dans une casserole avec 300 ml d'eau bouillante légèrement salée. Couvrez et laissez mijoter 10 minutes.

Pendant ce temps, écrasez la coriandre et le poivre en grains dans un mortier. Faites chauffer l'huile à feu doux dans une grande casserole et faites-y cuire les épices broyées 5 minutes, avec l'ail et l'oignon.

Ajoutez le vinaigre, le jus de citron, les tomates et l'origan (réservez quelques feuilles d'origan pour décorer). Remuez soigneusement avant d'ajouter le fenouil, le liquide de cuisson, le concentré de tomates et le sel. Aux premiers bouillons, baissez le feu et laissez frémir 10 minutes, sans couvrir.

Versez la préparation dans un robot et mixez à vitesse lente. Laissez refroidir la soupe et placez-la au réfrigérateur jusqu'au lendemain. Avant de servir, parsemez de feuilles d'origan et d'olives vertes émincées.

Pour une soupe fraîche aux amandes, mixez ensemble, dans un robot, 250 g d'amandes en poudre, 750 ml d'eau glacée, 75 g de chapelure, 2 gousses d'ail pilées, 3 cuillerées à soupe d'huile d'olive et un trait de vinaigre de vin blanc. Assaisonnez et placez 1 heure au réfrigérateur. Rectifiez l'assaisonnement avant de servir.

soupe aux poivrons rôtis et à la tomate

Pour **4 personnes**
Préparation **10 minutes**
Cuisson **40 minutes**

4 **poivrons rouges**
épépinés et coupés
en deux
500 g de **tomates**
coupées en deux
1 c. à c. d'**huile d'olive**
1 **oignon** haché
1 **carotte** hachée
600 ml de **bouillon**
de légumes
2 c. à s. de **crème fraîche**
légère
quelques feuilles de **basilic**
froissées
poivre

Disposez les poivrons, côté peau vers le haut, et les tomates, côté peau vers le bas, sur une plaque de cuisson. Faites cuire 8 à 10 minutes sous le gril du four jusqu'à ce que la peau des poivrons noircisse. Enveloppez les poivrons dans du papier absorbant humide et laissez-les refroidir avant d'enlever leur peau et de les couper en morceaux. Laissez refroidir les tomates puis pelez-les.

Faites chauffer l'huile dans une grande casserole et faites-y revenir l'oignon et la carotte 5 minutes. Ajoutez le bouillon, les poivrons et les tomates. Portez à ébullition et laissez frémir 20 minutes jusqu'à ce que la carotte soit cuite.

Versez la préparation dans un robot et mixez jusqu'à obtention d'un mélange lisse, en plusieurs fois si nécessaire. Reversez la soupe dans la casserole et réchauffez-la à feu doux. Incorporez ensuite la crème fraîche et le basilic. Poivrez et servez.

Pour une version plus parfumée, pelez et hachez finement 5 cm de gingembre frais et faites-le revenir rapidement avec l'oignon et la carotte.

soupe aux pois chiches et au persil

Pour **6 personnes**
Préparation **15 minutes**
 + trempage
Cuisson **30 minutes**

1 petit **oignon**
3 gousses d'**ail**
30 g de **persil**
2 c. à s. d'**huile d'olive**
410 g de **pois chiches**
 en boîte, rincés et égouttés
1,2 litre de **bouillon
 de légumes**
le **jus** et le **zeste** râpé
 de ½ **citron**
sel et **poivre**

Mixez finement l'oignon, l'ail et le persil dans un robot.

Faites chauffer l'huile dans une casserole et faites-y revenir le mélange oignon-ail-persil quelques instants à feu doux. Ajoutez les pois chiches et poursuivez la cuisson 1 à 2 minutes, toujours à feu doux.

Ajoutez le bouillon, salez, poivrez et portez à ébullition. Couvrez et faites cuire 20 minutes jusqu'à ce que les pois chiches soient bien cuits.

Laissez la soupe refroidir un peu puis mixez-la brièvement dans un robot, ou écrasez-la à la fourchette.

Versez la soupe dans une casserole, ajoutez le jus de citron et rectifiez l'assaisonnement si nécessaire. Réchauffez à feu doux. Servez la soupe parsemée de zeste de citron râpé et de poivre noir concassé.

Pour une variante aux haricots blancs, remplacez les pois chiches par 410 g de haricots blancs en boîte. Le persil peut être remplacé par de l'estragon ou de la menthe.

soupe aux petits pois et à la laitue

Pour **4 personnes**
Préparation **10 minutes**
Cuisson **25 à 30 minutes**

25 g de **beurre**
1 gros **oignon** émincé
425 g de **petits pois**
  surgelés
2 petites **laitues**
  croquantes (type sucrine)
  hachées grossièrement
1 litre de **bouillon**
  de légumes
le **jus** et le **zeste** râpé
  de ½ **citron**
sel et **poivre**

Croûtons au sésame
2 tranches de **pain**
  épaisses, coupées
  en morceaux
1 c. à s. d'**huile d'olive**
1 c. à s. de **graines**
  de sésame

Préparez les croûtons. Badigeonnez les morceaux de pain d'huile d'olive et disposez-les dans un plat à gratin. Parsemez-les de graines de sésame et faites-les dorer 10 minutes dans un four préchauffé à 200 °C.

Pendant ce temps, faites chauffer le beurre dans une grande casserole, et faites-y blondir l'oignon 5 minutes. Ajoutez les petits pois, les laitues, le bouillon, le zeste et le jus de citron, du sel et du poivre. Portez à ébullition puis réduisez le feu, couvrez et laissez frémir 10 minutes.

Laissez refroidir légèrement puis versez dans un robot et mixez. Reversez la soupe dans la casserole, rectifiez l'assaisonnement et réchauffez à feu doux.

Servez la soupe dans des bols chauds, avec les croûtons au sésame.

Pour une soupe au cresson, remplacez les laitues par 100 g de cresson haché grossièrement. Faites cuire le cresson comme les laitues mais sans jus ni zeste de citron. Quand vous reversez la soupe dans la casserole après l'avoir mixée, ajoutez-y 2 cuillerées à soupe de menthe ciselée.

curry d'aubergines

Pour **4 personnes**
Préparation **15 minutes**
Cuisson **20 minutes**

1 c. à c. de **poivre
de Cayenne**
2 **piments verts** frais
épépinés et émincés
½ c. à c. de **curcuma**
4 gousses d'**ail** pilées
2,5 cm de **gingembre** frais,
pelé et râpé
1 c. à c. de **graines
de cumin** grillées
4 c. à c. de **graines
de coriandre** grillées
400 g de **lait de coco**
en boîte
1 c. à s. de **pâte de tamarin**
1 grosse **aubergine** coupée
en tranches fines
dans la longueur
sel et **poivre**

Mélangez le poivre de Cayenne, les piments, le curcuma, l'ail et le gingembre avec 300 ml d'eau chaude.

Écrasez les graines de cumin et de coriandre, et ajoutez-les à la sauce. Laissez frémir 10 minutes jusqu'à épaississement. Assaisonnez selon votre goût. Incorporez le lait de coco et la pâte de tamarin.

Disposez les tranches d'aubergine dans une poêle-gril, sur une feuille de papier aluminium. Badigeonnez de sauce et faites dorer sous le gril d'un four bien chaud.

Servez les tranches d'aubergine nappée de sauce curry.

Accompagnement suggéré : pain sans levain (naan ou chapatis).

Pour une version aux noix de cajou, remplacez l'aubergine par 200 g de noix de cajou préalablement trempées dans l'eau pendant 20 minutes. Vous pouvez aussi utiliser, à la place de l'aubergine, 200 g de gombo coupé en morceaux de 2,5 cm.

risotto au riz rouge et au potiron

Pour **4 personnes**
Préparation **20 minutes**
Cuisson **35 minutes**

1 litre de **bouillon
de légumes**
250 g de **riz rouge
de Camargue**
1 c. à s. d'**huile d'olive**
1 **oignon** émincé
2 gousses d'**ail** hachées
finement
750 g de **potiron** pelé,
épépiné et coupé en dés
5 c. à s. de **basilic** ou
d'origan frais ciselé
+ quelques feuilles
pour décorer
50 g de **parmesan** râpé
grossièrement + quelques
copeaux pour décorer
sel et **poivre**

Versez le bouillon dans une grande casserole. Jetez-y le riz et laissez mijoter 35 minutes.

Pendant ce temps, faites chauffer l'huile dans une poêle et faites-y blondir l'oignon 5 minutes, en remuant. Ajoutez l'ail, les dés de potiron, un peu de sel et de poivre, mélangez puis couvrez et laissez cuire 10 minutes à feu moyen, en remuant de temps en temps.

Égouttez le riz et réservez l'eau de cuisson. Ajoutez le basilic (ou l'origan) dans la poêle avec le riz égoutté et le parmesan râpé. Rectifiez l'assaisonnement et, si nécessaire, mouillez avec de l'eau de cuisson du riz.

Répartissez le risotto dans des assiettes et parsemez de feuilles de basilic et de copeaux de parmesan.

Pour une version au butternut, remplacez le potiron par la même quantité de chair de butternut. Vous pouvez aussi remplacer le riz rouge par du riz arborio ou un autre riz riche en amidon.

potiron rôti à la feta

Pour **4 personnes**
Préparation **10 minutes**
Cuisson **40 minutes**

625 g de **potiron** ou
   de butternut, coupé
   en quartiers de 5 cm
2 c. à s. d'**huile d'olive**
1 c. à s. de **jus de citron**
2 c. à s. de **menthe** ciselée
   + quelques brins
   pour décorer
200 g de **feta**
50 g de cerneaux de **noix**
   hachés
8 **tomates séchées**
   hachées
85 g de pousses d'**épinards**
sel et **poivre**

Tournez les morceaux de potiron dans 1 cuillerée à soupe d'huile, assaisonnez et disposez le potiron dans un plat à gratin. Faites rôtir 30 minutes dans un four préchauffé à 200 °C.

Mélangez l'huile restante avec le jus de citron et la menthe. Versez cette préparation sur la feta et réservez.

Ajoutez les noix et les tomates séchées dans le plat à gratin et poursuivez la cuisson 10 minutes.

Servez le potiron avec les noix, les tomates et le jus de cuisson. Parsemez de feta à l'huile d'olive et au citron. Ajoutez les pousses d'épinards et décorez avec la menthe ciselée.

Modifiez cette recette en diminuant la quantité de potiron (ou de butternut) et en ajoutant des carottes et des panais coupés en morceaux.

gratin de légumes et croûte aux herbes

Pour **4 personnes**
Préparation **20 minutes**
Cuisson **45 minutes**

50 g de **margarine
au tournesol** allégée
400 g de **pommes de terre**
fermes pelées et coupées
en lamelles
200 g de **patates
douces** pelées et coupées
en lamelles
200 g de **carottes** coupées
en rondelles
2 gousses d'**ail** hachées
300 g de **crème fraîche**
légère
250 ml de **bouillon
de légumes**
1 c. à s. de **parmesan** râpé
2 c. à s. de **sauge** ciselée
1 c. à s. de **romarin** ciselé
75 g de **chapelure**
sel et **poivre**

Graissez légèrement un plat à gratin carré. Disposez les légumes en couches dans le plat, en parsemant d'un peu d'ail, de sel et de poivre entre les couches.

Faites chauffer la crème fraîche avec le bouillon. Versez ce mélange sur les légumes.

Mélangez le parmesan, la sauge, le romarin et la chapelure. Assaisonnez et répartissez cette chapelure parfumée sur les légumes. Faites cuire 45 minutes dans un four préchauffé à 200 °C, jusqu'à ce que les légumes soient cuits et le dessus doré. Servez dès la sortie du four.

Pour une version au poisson, disposez 4 filets de haddock (de 125 g chacun) dans une poêle-gril. Assaisonnez et déposez sur chaque filet 1 cuillerée à café de crème fraîche légère. Répartissez la chapelure aux herbes sur les filets puis faites cuire 10 à 15 minutes sous le gril d'un four préchauffé.

bouchées aux lentilles vertes et au yaourt

Pour **4 personnes**
Préparation **45 minutes**
    + réfrigération
Cuisson **10 minutes**

2 x 410 g de **lentilles
    vertes** en boîte, rincées
    et égouttées
500 ml de **bouillon
    de légumes**
1 feuille de **laurier**
1 bâton de **cannelle** (5 cm)
2 gousses de **cardamome**
2 c. à s. de **coriandre**
    ciselée
2 c. à s. de **menthe** ciselée
1 **oignon rouge** émincé
250 g de **yaourt** maigre
250 g de **petits pois**
    surgelés
4 c. à s. de pâte de **curry
    dhansak**
huile de tournesol en spray
sel et **poivre**

Faites tremper quelques brochettes en bois de 15 cm de long dans de l'eau chaude. Dans une casserole, mélangez les lentilles avec le bouillon, la feuille de laurier, la cannelle et les gousses de cardamome. Salez et laissez mijoter 10 minutes.

Pendant ce temps, préparez la sauce au yaourt. Mélangez ensemble la coriandre, la menthe, l'oignon et le yaourt. Salez et poivrez selon votre goût.

Faites cuire les petits pois dans de l'eau bouillante. Égouttez les lentilles et retirez la feuille de laurier, la cannelle et les gousses de cardamome. Versez les petits pois et les lentilles dans un robot et mixez brièvement. Incorporez-y la pâte de curry. À l'aide de deux petites cuillères, prélevez des boulettes de pâte. Placez au réfrigérateur jusqu'au moment d'utiliser.

Enfilez 3 ou 4 boulettes par brochette. Faites chauffer une poêle et huilez-la. Faites griller les brochettes 2 minutes de chaque côté, à feu moyen, si nécessaire en plusieurs fois. Servez chaud, avec la sauce au yaourt.

Pour une sauce au concombre, coupez un concombre en lamelles et faites-le dégorger en le saupoudrant de sel. Rincez, égouttez puis mélangez-le avec ½ cuillerée à café de cumin en poudre, ½ cuillerée à café de sel, 1 cuillerée à café de sucre en poudre, 1 cuillerée à café de jus de citron et 250 g de yaourt nature maigre.

tartelettes au bleu et aux poireaux

Pour **4 personnes**
Préparation **15 minutes**
Cuisson **25 minutes**

1 c. à c. d'**huile d'olive**
8 petits **poireaux** émincés
50 g de **stilton** émietté
1 c. à c. de **thym** ciselé
2 **œufs** battus
4 c. à s. de **crème fraîche**
  légère
12 carrés de **pâte filo**
  (15 cm de côté)
lait pour badigeonner

Faites chauffer l'huile d'olive dans une casserole et faites-y revenir les poireaux 3 à 4 minutes jusqu'à ce qu'ils soient moelleux.

Ajoutez la moitié du stilton et le thym dans la casserole. À part, mélangez le restant de stilton, les œufs et la crème fraîche.

Badigeonnez de lait les carrés de pâte filo. Tapissez 4 petits moules à tartes cannelés de 10 cm de diamètre avec la pâte filo. Répartissez le mélange poireaux-stilton dans les moules. Versez ensuite la composition au stilton et à la crème.

Disposez les moules sur une plaque de cuisson et faites cuire 15 à 20 minutes dans un four préchauffé à 200 °C jusqu'à ce que la garniture ait pris.

Vous pouvez remplacer le stilton par un autre bleu (du gorgonzola par exemple) ou par du cheddar. Vous pouvez aussi utiliser des oignons blancs à la place des poireaux.

semoule aux pignons, grenade et fines herbes

Pour **4 personnes**
Préparation **15 minutes**
Cuisson **10 minutes**

2 c. à s. d'**huile d'olive**
1 **oignon doux** haché
2 gousses d'**ail** pilées
300 ml de **bouillon de légumes**
500 g de **semoule**
1 **grenade**
50 g de **pignons de pin** grillés
3 c. à s. de **persil plat** ciselé
3 c. à s. d'**aneth** ciselé
3 c. à s. de **coriandre** ciselée
le **jus** et le **zeste** râpé de 1 **citron**
sel et **poivre**

Faites chauffer l'huile d'olive dans une grande poêle et faites-y blondir l'oignon et l'ail environ 5 minutes. Ajoutez le bouillon. Quand le bouillon est chaud, versez-y la semoule. Remuez, couvrez et faites chauffer 5 minutes à feu doux.

Pendant ce temps, ôtez les graines de la grenade au-dessus d'un bol, de manière à récolter le jus.

Quand la semoule est cuite, ajoutez les pignons et les herbes. Salez et poivrez légèrement.

Mélangez les graines et le jus de grenade, le zeste et le jus de citron. Versez ce mélange sur la semoule juste avant de servir.

Pour une version plus copieuse, servez cette semoule avec quelques tranches de fromage halloumi grillées (fromage grec).

haricots blancs et pommes de terre en casserole

Pour **4 personnes**
Préparation **15 minutes**
Cuisson **1 heure**

huile d'olive en spray
1 **oignon doux** émincé
2 gousses d'**ail** pilées
200 g de **pommes de terre**
  pelées et coupées en dés
65 g de **navet** pelé
  et émincé
2 x 410 g de gros **haricots
  blancs** (type haricots
  de Lima) en boîte, rincés
  et égouttés
100 ml de **vin rouge**
400 g de **tomates
  concassées** en boîte
250 ml de **bouillon
  de légumes**
1 pincée de **paprika**
1 feuille de **laurier**
2 c. à s. de **persil plat** ciselé
sel et **poivre**

Huilez légèrement une cocotte résistant au four et faites-y blondir l'oignon à feu doux 10 minutes. Ajoutez l'ail, les pommes de terre, le navet et les haricots blancs. Mélangez soigneusement.

Ajoutez tous les autres ingrédients, assaisonnez selon votre goût et poursuivez la cuisson.

Aux premiers frémissements, glissez la cocotte dans un four préchauffé à 180 °C et laissez cuire 45 minutes. Rectifiez l'assaisonnement, retirez la feuille de laurier et parsemez de persil.

Accompagnement suggéré : une salade verte.

Pour une version légèrement différente, remplacez les gros haricots blancs par des flageolets ou des cocos blancs.

rouleaux vietnamiens

Pour **4 personnes**
Préparation **20 minutes**
  + trempage
Cuisson **5 minutes**

50 g de **vermicelles de riz**
12 **galettes de riz**
½ **concombre**
  sans les graines, râpé
1 **carotte** râpée
2 petits **oignons blancs**
  râpés
15 g de feuilles de **menthe**
50 g de **germes de soja**
2 feuilles de **chou chinois**
  hachées
50 g de **noix de cajou**
  hachées et grillées

Sauce
2 c. à s. de **sauce hoisin**
2 c. à s. de **sauce chili**
2 c. à s. de **cacahuètes**
  non salées, hachées
  et grillées
1 **piment rouge** émincé

Faites cuire les vermicelles en suivant les instructions du paquet. Égouttez et réservez.

Faites ramollir les galettes de riz 3 minutes dans l'eau froide. Ne les faites pas tremper plus longtemps car elles pourraient se morceler.

Mélangez le concombre, la carotte, les petits oignons blancs, les feuilles de menthe, les germes de soja, le chou chinois et les noix de cajou.

Préparez la sauce en mélangeant tous les ingrédients.

Déposez une grosse cuillerée de légumes au centre de chaque galette. Faites des rouleaux serrés et repliez une des extrémités. Servez aussitôt, avec la sauce.

Pour une sauce au miel, supprimez les cacahuètes, remplacez la sauce hoisin par 2 cuillerées à soupe de sauce soja et la sauce chili par 2 cuillerées à soupe de miel.

frittata à la patate douce et au fromage de chèvre

Pour **4 personnes**
Préparation **10 minutes**
Cuisson **20 minutes**

500 g de **patates douces**
   coupées en tranches
1 c. à c. d'**huile d'olive**
5 petits **oignons blancs**
   émincés
2 c. à s. de **coriandre**
   ciselée
4 gros **œufs** battus
100 g de **fromage
   de chèvre** coupé
   en 4 tranches
poivre

Faites cuire les tranches de patates douces 7 à 8 minutes dans de l'eau bouillante puis égouttez-les.

Faites chauffer l'huile d'olive dans une poêle anti-adhésive et faites-y revenir les petits oignons blancs et les tranches de patates douces pendant 2 minutes.

Mélangez les œufs battus avec la coriandre. Poivrez généreusement et versez dans la poêle. Disposez les tranches de chèvre dessus et poursuivez la cuisson 3 à 4 minutes.

Finissez la cuisson au four : faites dorer la frittata 2 à 3 minutes sous le gril d'un four préchauffé. Servez aussitôt.

Accompagnement suggéré : une salade verte.

Pour une version au butternut et à la feta, remplacez les patates douces par 500 g de butternut coupé en dés, et le fromage de chèvre par de la feta.

légumes rôtis

Pour **4 personnes**
Préparation **15 minutes**
Cuisson **45 minutes**

1 c. à s. d'**huile d'olive**
200 g de **pommes
de terre** fermes
1 **poivron jaune** épépiné
et coupé en gros
morceaux
2 **poivrons rouges**
épépinés et coupés
en gros morceaux
4 gousses d'**ail** coupées
en deux
2 c. à s. de feuilles de **thym**
2 feuilles de **laurier**
125 g de **feta**
2 c. à s. de **menthe** ciselée
2 c. à s. d'**aneth** ciselé
50 g de **fromage frais** allégé
1 **tomate** cœur de bœuf
coupée en gros morceaux
200 g de petites **courgettes**
coupées en deux
dans la longueur
sel et **poivre**

Mélangez l'huile avec les pommes de terre, les poivrons, l'ail, le thym et les feuilles de laurier dans un plat à gratin, et faites cuire 30 minutes dans un four préchauffé à 200 °C.

Écrasez la feta avec la menthe, l'aneth et le fromage frais, puis assaisonnez selon votre goût.

Ajoutez la tomate et les courgettes dans le plat à gratin. Versez le fromage frais aux herbes sur les légumes et poursuivez la cuisson 15 minutes, jusqu'à ce que le dessus soit doré. Parsemez de thym et servez aussitôt, avec une salade verte.

Pour préparer un crumble aux légumes, remplacez la garniture au fromage par la croûte aux herbes du gratin de légumes (voir page 138).

ratatouille au four

Pour **4 personnes**
Préparation **25 minutes**
Cuisson **1 heure 15**

1 c. à s. d'**huile d'olive**
1 **oignon** haché
2 gousses d'**ail** hachées
  finement
1 bulbe de **fenouil** (250 g)
  coupé en morceaux
3 **poivrons** de couleurs
  différentes, épépinés
  et coupés en morceaux
2 **courgettes** (300 g)
  coupées en morceaux
400 g de **tomates**
  concassées en boîte
150 ml de **bouillon**
  de légumes
1 c. à c. de **sucre** en poudre
sel et poivre

Garniture au fromage
  de chèvre
1 **baguette** (150 g) coupée
  en tranches
125 g de **fromage**
  de chèvre à la ciboulette

Faites chauffer l'huile d'olive à feu vif dans une grande poêle antiadhésive. Faites-y blondir l'oignon 5 minutes en remuant constamment. Ajoutez l'ail, le fenouil, les poivrons et les courgettes, et poursuivez la cuisson 2 minutes.

Ajoutez les tomates, le bouillon et le sucre. Assaisonnez légèrement. Portez à ébullition tout en remuant puis versez dans un plat résistant au four. Couvrez avec du papier d'aluminium et faites cuire 45 à 60 minutes dans un four préchauffé à 190 °C.

Quand les légumes sont presque cuits, faites griller les tranches de baguette sur une face. Posez une tranche de fromage de chèvre sur chaque tranche de pain, côté non grillé. Retirez l'aluminium, remuez et déposez les tranches de pain sur la ratatouille.

Passez 4 à 5 minutes sous le gril du four, jusqu'à ce que le fromage commence à fondre. Répartissez la ratatouille dans des bols ou des assiettes et servez aussitôt, avec de la roquette.

Pour une version encore plus légère, supprimez la baguette et le fromage de chèvre, et servez la ratatouille avec des pommes de terre au four ou du riz.

risotto aux asperges et au bleu

Pour **4 personnes**
Préparation **10 minutes**
Cuisson environ **25 minutes**

1 c. à c. d'**huile d'olive**
1 petit **oignon** émincé
300 g d'**asperges** coupées
en deux
350 g de **riz à risotto**
2 c. à s. de **vin blanc sec**
1,2 litre de **bouillon**
de légumes
75 g de **dolcelatte**
(bleu italien) émietté
2 c. à s. de **persil** ciselé

Faites chauffer l'huile dans une grande poêle anti-adhésive. Mettez-y l'oignon et les queues d'asperges préalablement émincées, et faites-les frire 2 à 3 minutes jusqu'à ce que les asperges commencent à ramollir.

Ajoutez le riz, remuez puis ajoutez le vin. Poursuivez la cuisson jusqu'à absorption du vin.

Portez le bouillon à ébullition et ajoutez-le au riz, une louche à la fois, en veillant à ce que le riz ait absorbé tout le liquide avant chaque ajout. En même temps que la dernière adjonction de bouillon (c'est-à-dire au bout de 20 minutes environ), ajoutez les pointes d'asperges.

Quand tout le bouillon a été absorbé, incorporez délicatement les ingrédients restants et servez.

Accompagnement suggéré : une salade de roquette et de tomates.

Pour une version à la roquette, faites revenir l'oignon puis faites cuire 300 g de riz pour risotto dans 1,2 litre de bouillon comme indiqué ci-dessus. Quand le riz est cuit, incorporez 50 g de feuilles de roquette froissées. Décorez avec quelques feuilles entières.

salades

salade de nouilles thaïlandaise

Pour **4 personnes**
Préparation **15 minutes**
   + refroidissement
Cuisson **5 minutes**

200 g de **nouilles de riz**
   en rubans
1 c. à s. d'**huile de sésame**
125 g de **filet de porc**
   coupé en dés
1 c. à s. de **sauce soja**
   claire
1 c. à s. de **graines
   de sésame** grillées
2 **échalotes** pelées
   et hachées
12 **épis de maïs miniatures**
75 g de **germes de soja**
75 g de **cacahuètes** grillées
   et concassées
4 c. à s. de **coriandre**
   ciselée

**Sauce au citron vert
   et à la noix de coco**
2 gousses d'**ail** pilées
2 c. à s. de **jus de citron
   vert**
½ bâton de **lemon-grass**
   haché finement
½ **piment rouge** haché
125 ml de **lait de coco**
   allégé
1 c. à s. de **nuoc-mâm**
sel

Faites cuire les nouilles en suivant les instructions du paquet. Égouttez-les.

Pendant ce temps, faites chauffer l'huile de sésame dans une poêle et faites-y revenir les dés de porc 1 à 2 minutes. Incorporez la sauce soja et poursuivez la cuisson 1 à 2 minutes. Remuez pour bien enduire la viande. Laissez refroidir.

Ajoutez les graines de sésame, les échalotes, les petits épis de maïs et les germes de soja aux dés de porc froids.

Préparez la sauce en mélangeant ensemble tous les ingrédients.

Versez la sauce sur les nouilles et sur les dés de porc, ajoutez les cacahuètes et la coriandre. Servez aussitôt.

Vous pouvez remplacer les nouilles de riz par des nouilles soba à base de blé et de sarrasin.

salade de lentilles
au fromage de chèvre

Pour **4 personnes**
Préparation **10 minutes**
Cuisson **30 minutes**

2 c. à c. d'**huile d'olive**
2 c. à c. de **graines
de cumin**
2 gousses d'**ail** pilées
2 c. à c. de **gingembre** frais
râpé
125 g de **lentilles du Puy**
750 ml de **bouillon
de légumes**
2 c. à s. de **menthe** ciselée
2 c. à s. de **coriandre**
ciselée
½ **citron vert**
150 g de **pousses
d'épinards**
125 g de **fromage
de chèvre**
poivre

Faites chauffer l'huile d'olive dans une casserole, à feu moyen, et faites-y revenir les graines de cumin, l'ail et le gingembre 1 minute. Ajoutez les lentilles et poursuivez la cuisson 1 minute.

Versez le bouillon, une louche à la fois, en veillant à ce que tout le liquide ait été absorbé avant chaque ajout. Comptez 20 à 30 minutes pour cette étape. Retirez la casserole du feu et laissez reposer. Quand les lentilles sont froides, ajoutez la menthe, la coriandre et quelques gouttes de citron vert.

Répartissez les pousses d'épinards dans des coupelles, ajoutez les lentilles puis le fromage de chèvre. Poivrez et servez.

Vous pouvez remplacer le fromage de chèvre par du halloumi grillé (spécialité grecque), un fromage que l'on peut relever avec quelques gouttes d'huile pimentée.

salade de blé concassé à la truite

Pour **4 personnes**
Préparation **10 minutes**
  + refroidissement
Cuisson **20 minutes**

400 g de **blé concassé**
1 c. à s. d'**huile d'olive**
375 g de filets de **truite**
  fumée, émiettés
1 **concombre** sans
  les graines, coupé en dés
150 g de pousses
  d'**épinards** lavées
1 **oignon rouge** émincé
200 g de **lentilles vertes**
  en boîte, rincées
  et égouttées
75 g de **pois mange-tout**
  émincés

Sauce au citron
  et au pavot
le **zeste** râpé de 2 **citrons**
4 c. à s. de **jus de citron**
2 c. à s. de graines
  de **pavot**
2 c. à s. d'**aneth** ciselé
sel et **poivre**

Faites cuire le blé concassé en suivant les instructions du paquet. Ajoutez l'huile d'olive et réservez.

Ajoutez les filets de truite, puis les dés de concombre, les pousses d'épinards, l'oignon rouge, les lentilles et les pois mange-tout.

Préparez la sauce en mélangeant ensemble le zeste et le jus de citron, les graines de pavot et l'aneth. Assaisonnez selon votre goût, versez la sauce sur la salade et servez aussitôt.

Pour une version au maquereau, remplacez la truite par 375 g de maquereau fumé.

salade de riz au poulet et à l'ananas

Pour **4 personnes**
Préparation **40 minutes**

4 **blancs de poulet**
  sans la peau
  (de 125 g chacun), cuits
200 g de **riz complet**,
  cuit
½ **ananas** coupé
  en morceaux
1 **poivron rouge** haché
3 petits **oignons blancs**
  hachés
50 g de **myrtilles** séchées
sel et **poivre**

Sauce à la moutarde
3 c. à s. d'**huile**
  de tournesol
4 c. à s. de **moutarde**
  de Dijon
1 c. à s. de **vinaigre de vin**
  rouge

Coupez les blancs de poulet en dés. Mélangez les dés de viande avec le riz. Ajoutez l'ananas, le poivron, les petits oignons blancs et les myrtilles séchées. Salez et poivrez selon votre goût.

Préparez la sauce en mélangeant ensemble l'huile, la moutarde, le vinaigre et 2 cuillerées à soupe d'eau. Assaisonnez.

Versez la sauce sur la salade et servez aussitôt.

Pour une version végétarienne, remplacez le poulet par 100 g de cerneaux de noix hachés et grillés.

salade de haricots blancs à la saucisse et aux poivrons

Pour **4 personnes**
Préparation **10 minutes**
+ refroidissement
Cuisson **20 minutes**

3 **poivrons rouges** épépinés et coupés en deux
1 c. à s. d'**huile d'olive**
1 **oignon** émincé
75 g de **saucisse** sèche, fumée, coupée en tranches fines
2 x 410 g de **haricots blancs** ou de flageolets en boîte, rincés et égouttés
1 c. à s. de **vinaigre balsamique**
1 **piment rouge** épépiné et émincé
2 c. à s. de **coriandre** ciselée

Mettez les poivrons sur une plaque de cuisson, côté peau vers le haut, et faites cuire 8 à 10 minutes sous le gril d'un four préchauffé, jusqu'à ce que la peau noircisse. Enveloppez-les dans du papier absorbant humide. Quand les poivrons sont tièdes, pelez-les et coupez-les en morceaux.

Faites chauffer l'huile dans une poêle antiadhésive et faites-y blondir l'oignon 5 à 6 minutes. Ajoutez la saucisse et poursuivez la cuisson 1 à 2 minutes, jusqu'à ce que la viande soit croustillante.

Mélangez les haricots et le vinaigre balsamique, puis ajoutez l'oignon et la saucisse, ainsi que les poivrons et le piment. Parsemez de coriandre.

Accompagnement suggéré : du pain aux noix.

Pour une version végétarienne, supprimez la saucisse. Mélangez une poignée d'olives noires dénoyautée et hachées avec les haricots. Faites griller 75 g de halloumi en tranches (fromage grec) et disposez-le sur la salade.

salade italienne au poulet grillé

Pour **4 personnes**
Préparation **20 minutes**
+ refroidissement
Cuisson **15 minutes**

4 **blancs de poulet**
(de 125 g chacun)
8 petites **tomates** allongées
(type roma), coupées
en deux
huile d'olive en spray
400 g de **pommes de terre
nouvelles**
75 g de pousses d'**épinards**
sel et **poivre**

Sauce italienne
10 feuilles de **basilic**
ciselées
2 c. à s. d'**origan** ciselé
1 gousse d'**ail** hachée
1 c. à s. d'**huile d'olive**
2 c. à s. de **jus de citron**
1 c. à s. de **moutarde
de Dijon**
le **zeste** râpé de 1 **citron**

Coupez les blancs de poulet en deux dans l'épaisseur à l'aide d'un couteau bien aiguisé. Déposez une feuille de papier d'aluminium au fond d'une poêle-gril et disposez les morceaux de poulet sur l'aluminium, avec les tomates. Assaisonnez et huilez légèrement.

Faites griller le poulet environ 2 minutes sous le gril d'un four préchauffé, jusqu'à ce qu'il soit juste cuit. Laissez refroidir puis coupez la viande en petits dés.

Pendant ce temps, faites cuire les pommes de terre à l'eau ou à la vapeur. Laissez-les refroidir puis coupez-les en rondelles.

Préparez la sauce en mélangeant ensemble tous les ingrédients.

Mélangez le poulet, les pousses d'épinards, les tomates et les pommes de terre dans un saladier. Versez la sauce sur la salade et servez aussitôt.

Pour une version végétarienne, remplacez le poulet par 125 g de haricots verts cuits et 2 cuillerées à soupe de pignons de pin grillés que vous mélangerez avec les pousses d'épinards, les tomates et les pommes de terre.

salade de quinoa au porc rôti

Pour **4 personnes**
Préparation **10 minutes**
  + refroidissement
Cuisson **15 minutes**

1 c. à s. d'**huile
  de tournesol**
2 **étoiles d'anis** (badiane)
1 c. à s. de **cassonade**
1 c. à s. de **cinq-épices**
1 c. à s. de **sauce soja**
1 c. à s. de **paprika**
500 g de **filet de porc**
  émincé
300 g de **quinoa**
200 g de **pois mange-tout**
  coupés en deux
4 petits **oignons blancs**
  hachés
1 **chou chinois** râpé
quelques brins d'**aneth**
  (facultatif)

Sauce au yaourt
125 ml de **yaourt grec**
2 c. à s. d'**eau**
2 c. à s. d'**aneth** ciselé
sel et **poivre**

Mélangez l'huile, l'anis étoilé, la cassonade, le cinq-épices, la sauce soja et le paprika. Ajoutez le porc et remuez pour bien enduire la viande de ce mélange. Versez le tout dans un plat à gratin. Couvrez et faites cuire 15 minutes dans un four préchauffé à 180 °C. La viande doit être cuite sans être sèche. Sortez le plat du four, retirez le couvercle et laissez refroidir.

Pendant ce temps, faites cuire le quinoa en suivant les instructions du paquet. Laissez refroidir.

Mélangez le quinoa avec les pois mange-tout, les petits oignons blancs et le chou chinois. Ajoutez le porc et éventuellement, le jus de cuisson.

Préparez la sauce en mélangeant ensemble tous les ingrédients. Assaisonnez selon votre goût, versez la sauce sur la salade et parsemez de brins d'aneth si vous le souhaitez.

Pour une version plus rapide, prenez 500 g de légumes cuits surgelés et mélangez-les au quinoa avant d'ajouter le porc et la sauce au yaourt.

salade italienne aux brocolis et aux œufs

Pour **4 personnes**
Préparation **10 minutes**
Cuisson **8 minutes**

300 g de **brocolis**
2 petits **poireaux** (300 g) nettoyés
4 c. à s. de **jus de citron**
2 c. à s. d'**huile d'olive**
2 c. à c. de **miel** liquide
1 c. à s. de **câpres** bien égouttées
2 c. à s. d'**estragon** ciselé
4 **œufs** durs
sel et **poivre**

Détachez les petits bouquets des tiges du brocoli. Coupez les tiges du brocoli et les poireaux en gros tronçons. Faites cuire les brocolis dans un cuiseur à vapeur. Au bout de 3 minutes, ajoutez les poireaux et poursuivez la cuisson 2 minutes.

Mélangez le jus de citron, l'huile d'olive, le miel, les câpres et l'estragon dans un saladier. Assaisonnez selon votre goût.

Écalez les œufs et hachez-les grossièrement.

Ajoutez les brocolis et les poireaux dans le saladier, remuez, puis parsemez d'œufs. Décorez éventuellement avec quelques brins d'estragon. Servez chaud, avec du pain complet coupé en tranches épaisses.

Pour une variante au chou-fleur, remplacez la moitié du brocoli par 150 g de chou-fleur. Détachez les bouquets des tiges du chou-fleur et faites-les cuire à la vapeur, avec le brocoli.

brochettes de dinde et boulgour

Pour **4 personnes**
Préparation **10 minutes**
+ marinade
Cuisson **20 minutes**

2 c. à s. d'**huile
de tournesol**
2 c. à s. de **jus de citron**
1 c. à c. de **paprika**
3 c. à s. de **persil plat** ciselé
+ quelques brins
pour décorer
400 g d'escalopes de **dinde**
coupées en morceaux
sel et **poivre**

Salade de boulgour
400 ml de **bouillon
de poulet**
250 g de **boulgour**
410 g de **lentilles vertes**
en boîte, rincées
et égouttées
½ **concombre** coupé
en dés
10 **tomates cerises**
20 g de **menthe** ciselée
quartiers de **citron**
pour décorer

Sauce au hoummous
4 c. à s. de **hoummous**
tout prêt
1 c. à s. de **jus de citron**

Faites tremper 8 brochettes en bois dans de l'eau chaude. Mélangez l'huile, le jus de citron, le paprika et le persil. Assaisonnez selon votre goût. Tournez les morceaux de dinde dans cette préparation et laissez mariner au moins 20 minutes.

Sortez la viande de la marinade et enfilez les morceaux sur les brochettes. Faites cuire 10 minutes sous le gril d'un four préchauffé jusqu'à ce que la viande soit cuite. Tournez les brochettes une ou deux fois pendant la cuisson.

Pendant ce temps, portez le bouillon à ébullition et faites-y cuire le boulgour en suivant les instructions du paquet. Égouttez-le et laissez-le reposer. Quand le boulgour est refroidi, mélangez-le avec les lentilles, le concombre, les tomates et la menthe.

Préparez la sauce en mélangeant le hoummous, le jus de citron et 1 cuillerée à soupe d'eau.

Servez les brochettes avec la salade de boulgour. Décorez avec des quartiers de citron et un peu de persil plat. Servez la sauce à part.

Pour une version sandwich, garnissez des pitas réchauffées avec des morceaux de dinde grillés et servez avec la sauce au hoummous.

salade épicée à l'orange et à l'avocat

Pour **4 personnes**
Préparation **10 minutes**

4 grosses **oranges** juteuses
2 petits **avocats** bien mûrs,
   pelés et dénoyautés
2 c. à c. de gousses
   de **cardamome**
3 c. à s. d'**huile d'olive**
1 c. à s. de **miel** liquide
1 bonne pincée de **poivre
   de la Jamaïque**
2 c. à c. de **jus de citron**
sel et **poivre**
quelques feuilles de **cresson**
   pour décorer

Pelez les oranges à vif et retirez les segments au-dessus d'un bol pour recueillir le jus.

Coupez les avocats en tranches et mélangez-les aux segments d'oranges. Répartissez le tout sur les assiettes.

Réservez quelques gousses de cardamome pour décorer. Écrasez les gousses restantes pour en extraire les graines. Jetez les gousses. Mélangez les graines de cardamome avec l'huile d'olive, le miel, le poivre de la Jamaïque, le jus de citron, du sel, du poivre et le jus des oranges.

Décorez les avocats et les oranges avec quelques feuilles de cresson, versez la sauce sur la salade et servez aussitôt.

Pour une variante au pamplemousse, remplacez les oranges par 2 gros pamplemousses et ajoutez une poignée de framboises ou de myrtilles.

salade de bœuf à la coriandre

Pour **4 personnes**
Préparation **20 minutes**
Cuisson **10 minutes**

400 g de **rumsteck**
4 **tortillas de blé**, coupées
en 8 quartiers
75 g de pousses
d'**épinards**, lavées
sel et **poivre**

**Sauce au citron vert
et à la coriandre**
15 g de feuilles
de **coriandre**
2 c. à s. de jus de **citron
vert**
1 c. à s. d'**huile
de tournesol**
1 gousse d'**ail** pilée
1 **piment rouge** haché
finement

Assaisonnez le bœuf. Faites chauffer une grande poêle
et faites-y revenir le bœuf à feu vif, environ 2 minutes
de chaque côté (selon l'épaisseur). Laissez reposer à
température ambiante.

Faites chauffer les tortillas sous le gril d'un four
préchauffé environ 5 minutes, en secouant souvent
le plat. Lorsqu'elles sont croustillantes, sortez-les
du four et laissez-les refroidir.

Pendant ce temps, préparez la sauce en mélangeant
ensemble tous les ingrédients.

Coupez le bœuf en tranches fines et disposez les
tranches sur les épinards. Versez la sauce dessus
et servez aussitôt, avec les tortillas.

Vous pouvez utiliser la sauce au citron vert et à la
coriandre pour parfumer une purée de pommes de
terre.

salade de haricots blancs à la gremolata

Pour **4 personnes**
Préparation **10 minutes**

720 g de gros **haricots
blancs** (type haricots
de Lima) en boîte, rincés
et égouttés
25 g de **jambon Serrano**
coupé en morceaux
4 **tomates** bien mûres,
coupées en rondelles
1 **oignon doux** émincé

Sauce aux herbes
20 g de **persil plat** ciselé
20 g de **menthe** ciselée
le **jus** et le **zeste** râpé
de 2 **citrons**
2 gousses d'**ail** pilées
1 c. à s. d'**huile d'olive**
2 c. à c. de **vinaigre
de cidre**
1 c. à c. d'**anchois** hachés
(facultatif)
sel et **poivre**

Mélangez les haricots blancs et le jambon dans un saladier avec les tomates et l'oignon.

Préparez la sauce en mélangeant le persil, la menthe, le zeste et le jus de citron, l'ail, l'huile d'olive et le vinaigre de cidre. Assaisonnez selon votre goût et ajoutez éventuellement les anchois.

Versez la sauce sur les haricots et le jambon, et servez aussitôt.

Pour une version « conserve », mélangez 2 boîtes de 410 g de pois chiches et 80 g de thon au naturel à la place les haricots et du jambon.

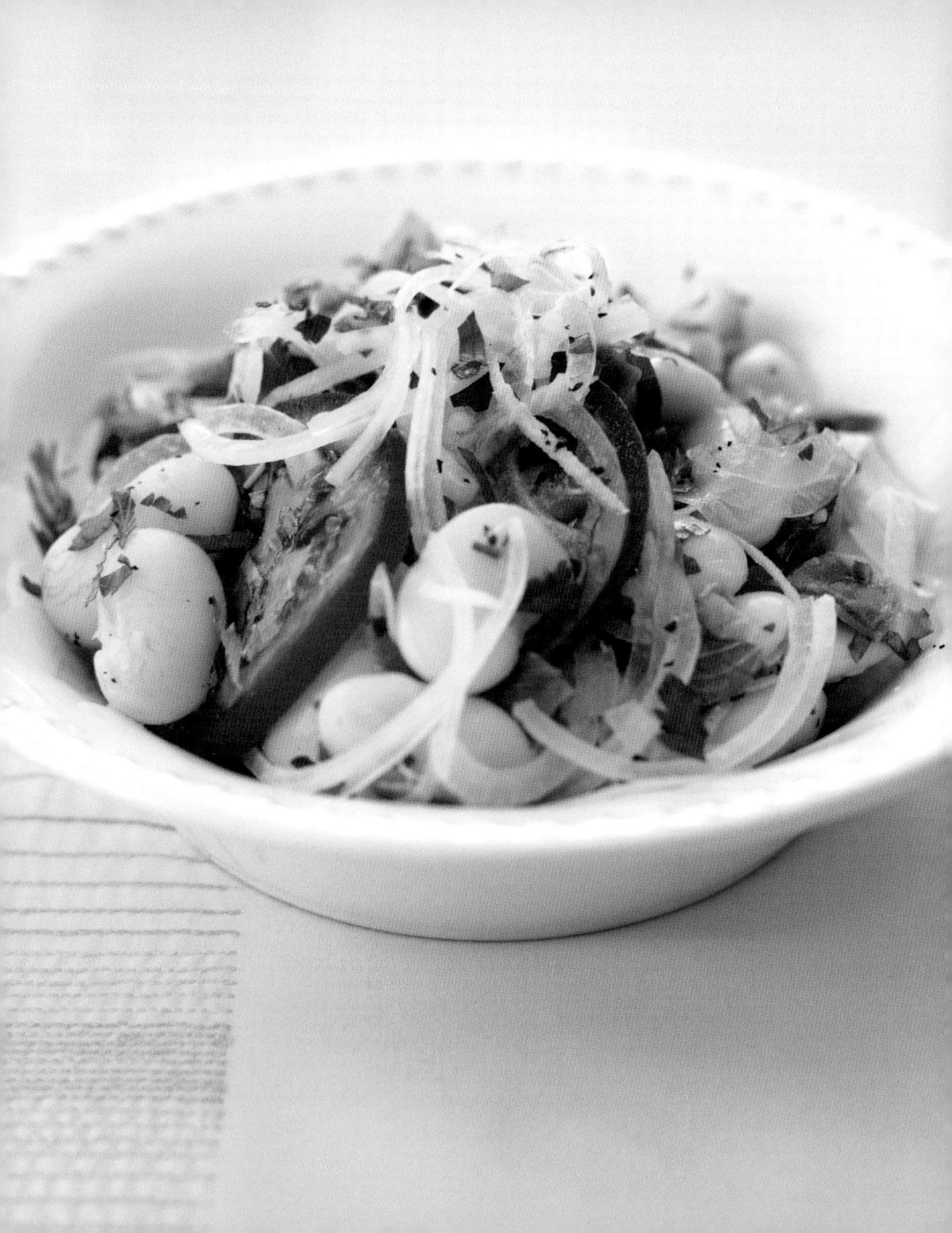

salade de saumon et œufs de caille

Pour **4 personnes**
Préparation **15 minutes**
Cuisson **3 à 6 minutes**

12 **œufs de caille**
200 g de petites **asperges**,
  sans les extrémités dures
1 laitue **feuille de chêne**
1 petite **chicorée frisée**
250 g de **saumon fumé**
le **jus** de 1 **citron vert**
sel et poivre
quelques brins de **cerfeuil**
  pour décorer

Sauce citronnée
le **jus** et le **zeste** râpé
  de 2 **citrons**
½ c. à c. de **moutarde**
  anglaise
1 **jaune d'œuf**
9 c. à dessert d'**huile**
  d'olive

Faites bouillir les œufs. Au bout de 3 minutes, égouttez-les et passez-les sous l'eau froide. Écalez les œufs, puis mettez-les dans de l'eau froide salée. Réservez.

Pendant ce temps, portez une grande casserole d'eau à ébullition. Plongez-y les asperges et faites-les cuire 3 à 5 minutes à feu moyen. Égouttez-les, passez sous l'eau froide et réservez.

Préparez la sauce citronnée en mixant ensemble le zeste et le jus de citron, la moutarde et le jaune d'œuf. Quand le mélange est bien lisse, continuez de mixer à vitesse lente tout en versant l'huile en filet continu. Assaisonnez selon votre goût.

Parez la feuille de chêne et la frisée, et lavez-les soigneusement. Mettez les feuilles dans un saladier et arrosez-les avec les deux tiers de la sauce. Remuez pour bien enduire les feuilles puis répartissez la salade sur les assiettes.

Répartissez le saumon sur les feuilles de salade. Arrosez de jus de citron vert. Coupez les œufs de caille en deux et disposez-les sur les assiettes. Versez le restant de sauce, parsemez de brins de cerfeuil et servez aussitôt.

Pour une salade à la truite, remplacez les œufs de caille par 4 œufs de poule et faites-les bouillir environ 10 minutes. Remplacez le saumon par la même quantité de truite fumée.

salade de calamars et pommes de terre à la grecque

Pour **4 personnes**
Préparation **30 minutes**
Cuisson **2 minutes**

500 g de petits **calamars** nettoyés
2 c. à s. de **jus de citron**
2 c. à s. d'**huile d'olive**
1 gousse d'**ail** hachée
2 c. à s. de **persil plat** ciselé
500 g de **pommes de terre nouvelles** cuites
200 g de **tomates cerises** coupées en deux
4 petits **oignons blancs** hachés
sel et **poivre**
quartiers de **citron** pour servir

Coupez les calamars en deux dans la largeur, puis encore en deux, de manière à ce qu'ils s'ouvrent en quatre. Faites quelques entailles légères d'un côté, mélangez-les avec le jus de citron et assaisonnez.

Faites cuire les calamars à feu vif, dans une poêle à fond épais ou sur une plaque en fonte bien chaude, 1 minute de chaque côté. Ajoutez l'huile d'olive, l'ail et le persil, puis retirez la poêle du feu et laissez refroidir.

Mélangez les calamars et leur sauce avec les pommes de terre, les tomates et les petits oignons blancs. Servez avec des quartiers de citron.

Pour une variante aux crevettes, remplacez les calamars par 500 g de grosses crevettes crues décortiquées. Si elles sont surgelées, laissez-les dégeler puis rincez-les sous l'eau froide. Assaisonnez les crevettes et mélangez-les avec le jus de citron. Faites-les cuire comme indiqué ci-dessus.

salade au crabe et au pamplemousse

Pour **4 personnes**
Préparation **10 minutes**

400 g de **chair de crabe**
1 **pamplemousse rose** pelé
   et coupé en tranches
50 g de **roquette**
3 petits **oignons blancs**
   émincés
200 g de **pois gourmands**
   coupés en deux
sel et **poivre**

Sauce au cresson
85 g de **cresson**
   sans les tiges dures
1 c. à s. de **moutarde
   de Dijon**
2 c. à s. d'**huile d'olive**

Pour servir
4 **chapatis** (galettes
   de pain sans levain)
quartiers de **citron vert**

Mélangez la chair de crabe avec le pamplemousse, la roquette, les petits oignons blancs et les pois gourmands dans un saladier. Assaisonnez selon votre goût.

Préparez la sauce en mixant ensemble le cresson, la moutarde et l'huile d'olive. Salez.

Faites griller les chapatis. Versez la sauce sur la salade et servez aussitôt, avec les chapatis grillés et des quartiers de citron vert.

Pour une salade aux crevettes, pommes de terre et asperges, remplacez le crabe par 400 g de grosses crevettes cuites et décortiquées, et le pamplemousse par 100 g d'asperges cuites. Ajoutez 200 g de pommes de terre cuites et refroidies.

salade de printemps et pain à l'ail

Pour **4 personnes**
Préparation **10 minutes**
Cuisson **10 minutes**

200 g de **petits pois** frais
  ou surgelés
200 g d'**asperges** nettoyées
200 g de **pois mange-tout**
2 **courgettes** coupées
  en longs rubans minces
1 bulbe de **fenouil** émincé
le **jus** et le **zeste** râpé
  de 1 **citron**
1 c. à c. de **moutarde**
  de Dijon
1 c. à c. de **miel** liquide
1 c. à s. de **persil plat** ciselé
2 c. à s. d'**huile d'olive**

Pain à l'ail
4 petits pains **ciabatta**
  (pain italien) coupés
  en deux
1 gousse d'**ail**

Mettez les petits pois, les asperges et les pois mange-tout dans une casserole d'eau bouillante salée, et laissez frémir 3 minutes. Égouttez-les puis rafraîchissez-les sous l'eau froide.

Versez les légumes dans un saladier avec les rubans de courgettes et le fenouil. Remuez.

Fouettez ensemble le zeste et le jus de citron, la moutarde, le miel, le persil et 1 cuillerée à soupe d'huile d'olive, dans un bol à part. Versez cette sauce sur les légumes et remuez.

Frottez le pain avec l'ail. Badigeonnez d'huile d'olive (1 cuillerée à soupe en tout) puis posez les petits pains sur une plaque et faites-les griller des deux côtés sous le gril d'un four préchauffé. Servez la salade avec les petits pains grillés.

Pour préparer des toasts épicés, retirez la croûte de 4 tranches de pain aux céréales puis coupez les tranches en triangles. Badigeonnez les triangles sur les deux faces avec de l'huile pimentée (1 cuillerée à soupe en tout) puis faites-les griller comme indiqué ci-dessus.

salade de quinoa aux crevettes et aux feuilles de pois

Pour **4 personnes**
Préparation **10 minutes**
Cuisson **10 minutes**

300 g de **quinoa**
75 g de **pois gourmands**
  blanchis et coupés
  en deux
200 g de pointes
  d'**asperges** cuites,
  refroidies et coupées
  en morceaux
50 g de **feuilles de pois**
400 g de grosses **crevettes**
  cuites, décortiquées
sel et **poivre**

Sauce aux noisettes
2 c. à s. d'**huile d'olive**
2 c. à s. de **jus de citron**
20 g de **canneberges**
  séchées
50 g de **noisettes** hachées
  et grillées

Faites cuire le quinoa en suivant les instructions du paquet. Laissez refroidir.

Mélangez le quinoa avec les pois gourmands et les asperges.

Préparez la sauce en mélangeant ensemble l'huile d'olive, le jus de citron, les canneberges et les noisettes.

Déposez les feuilles de pois et les crevettes sur le quinoa. Versez la sauce sur le tout et servez.

Pour une variante au boulgour, remplacez le quinoa par 300 g de boulgour.

salade de poulet fumé aux oignons

Pour **4 personnes**
Préparation **10 minutes**

300 g de **blancs de poulet**
   fumés sans la peau
2 **oignons rouges** émincés
150 g de **tomates cerises**
   coupées en deux
50 g de **graines de potiron**
   grillées
75 g de **mesclun**
sel et **poivre**

Sauce à l'avocat
1 **avocat** pelé et coupé
   en dés
2 c. à s. de **jus de citron**
   vert
1 c. à s. de **moutarde**
   de Dijon

Coupez le poulet en petits morceaux ou effilochez-le. Rincez les oignons rouges sous l'eau.

Préparez la sauce en mixant ensemble l'avocat, le jus de citron vert et la moutarde. Assaisonnez.

Mélangez le poulet avec les oignons, les tomates, les graines de potiron et le mesclun. Versez la sauce sur la salade et servez aussitôt.

Pour un dîner rapide, supprimez le mesclun et servez la salade avec des pâtes.

desserts

trifle mangue-passion

Pour **4 personnes**
Préparation **10 minutes**
  + réfrigération

4 **boudoirs**
150 g de **yaourt grec**
  maigre
200 g de **crème fraîche**
  légère
4 **fruits de la Passion**
1 **mangue** pelée,
  dénoyautée et coupée
  en dés

Coupez chaque boudoir en quatre et répartissez les morceaux dans 4 verres.

Mélangez le yaourt et la crème fraîche. Prélevez la pulpe des fruits de la Passion. Réservez.

Déposez un peu de pulpe de fruits de la Passion sur les biscuits et environ la moitié des dés de mangue.

Versez environ la moitié du mélange yaourt-crème sur les fruits, puis répartissez l'autre moitié de mangue.

Finissez avec le mélange yaourt-crème et décorez avec le restant de pulpe de fruits de la Passion. Servez aussitôt ou placez 1 heure au réfrigérateur avant de servir.

Pour un trifle ananas-fraise, remplacez la mangue par 400 g d'ananas pelé et coupé en dés, et les fruits de la Passion, par 125 g de fraises coupées en deux. Si vous choisissez des fruits surgelés, veillez à ce qu'ils soient parfaitement dégelés avant utilisation.

verrines sablées aux framboises

Pour **4 personnes**
Préparation **5 minutes**

300 g de **framboises**
  hachées grossièrement
4 **biscuits sablés** émiettés
  grossièrement
400 g de **fromage blanc**
  maigre
2 c. à s. de **sucre glace**
  ou d'édulcorant artificiel

Mélangez tous les ingrédients dans un saladier à l'exception de quelques framboises. Répartissez la préparation dans 4 verres.

Décorez avec les framboises et servez aussitôt.

Pour une version aux fraises, remplacez les framboises par 300 g de fraises. Vous pouvez aussi utiliser d'autres fruits rouges comme des myrtilles ou des mûres.

sorbet mangue-citron vert

Pour **4 personnes**
Préparation **10 minutes**
  + congélation
Cuisson **5 minutes**

150 g de **sucre** en poudre
250 ml de **jus de citron vert**
le **zeste** râpé de 1 **citron
  vert**
3 **mangues** pelées
  et dénoyautées
2 **blancs d'œufs**

Tapissez un moule à bords hauts d'une contenance de 1 litre de film alimentaire ou de papier sulfurisé. Versez le sucre dans une casserole, ajoutez 250 ml d'eau et faites chauffer à feu doux jusqu'à ce que le sucre soit dissous. Hors du feu, incorporez le jus et le zeste de citron vert.

Dans un robot, réduisez la chair des mangues en purée fine après avoir réservé 4 lamelles pour le décor. Mélangez cette purée avec le sirop de sucre au citron, puis versez l'ensemble dans le moule. Placez au congélateur pendant au moins 4 heures, ou toute la nuit, jusqu'à ce que la préparation ait durci.

Démoulez, versez dans un robot et mixez en ajoutant les blancs d'œufs. Reversez la préparation dans le moule et replacez au congélateur jusqu'à ce qu'elle ait durci de nouveau. Du fait qu'il contient des œufs crus et que le parfum des fruits frais se détériore rapidement, ce sorbet ne se conserve que 3 jours. Décorez avec les lamelles de mangue et servez avec quelques biscuits fins.

Pour un sorbet aux fruits de la Passion, supprimez les mangues et remplacez le jus de citron vert par 250 ml de jus de fruits de la Passion.

parfait cerise-cannelle

Pour **4 personnes**
Préparation **10 minutes**
 + congélation
Cuisson **5 minutes**

350 g de **griottes** au sirop
 en bocal
1 pincée de **cannelle**
 en poudre
½ c. à c. d'**extrait
 de vanille**
1 c. à s. de **sucre** en poudre
1 **jaune d'œuf**
150 g de **crème fraîche**
 légère
4 petites **meringues**
 cassées en morceaux
quelques **cerises** fraîches
 pour décorer

Égouttez les cerises et versez 100 ml de sirop dans une petite casserole. Ajoutez la cannelle, l'extrait de vanille et le sucre, et faites chauffer 5 minutes, en remuant, jusqu'à ce que le sucre soit dissous. Laissez refroidir.

Mélangez le jaune d'œuf et la crème fraîche. Versez les cerises égouttées dans le sirop refroidi. Ajoutez ensuite le mélange œuf-crème puis incorporez délicatement la meringue.

Versez le tout dans un plat résistant à la congélation d'une contenance de 300 ml et placez-le au moins 4 heures au congélateur. Dégustez lorsque le parfait est à la fois ferme et onctueux. Avant de servir, décorez avec quelques cerises fraîches.

Pour un parfait à l'ananas, remplacez les cerises par 400 g d'ananas en boîte. Vous pouvez utiliser d'autres fruits en conserve, notamment des pêches.

cheese-cake aux agrumes

Pour **10 personnes**
Préparation **10 minutes**
 + refroidissement
 et réfrigération
Cuisson **50 minutes**

50 g de **beurre** doux
175 g de **gâteaux secs**
 allégés (type cookies),
 émiettés
500 g de **fromage blanc**
125 g de **sucre** en poudre
2 **œufs**
le **jus** et le **zeste** râpé
 de 2 **oranges**
le **jus** et le **zeste** râpé
 de 1 **citron**
75 g de **raisins secs** blonds
filaments confits d'écorce
 d'orange et de citron

Huilez légèrement un moule à manqué antiadhésif à fond amovible de 20 cm de diamètre.

Faites fondre le beurre dans une casserole puis incorporez-y les biscuits émiettés. Versez cette préparation dans le moule et tassez-la avec le plat de la main, en la faisant remonter le long des bords. Faites cuire 10 minutes dans un four préchauffé à 150 °C.

Fouettez les ingrédients restants dans un saladier et versez-les sur le fond en biscuits. Enfournez à nouveau et laissez cuire 40 minutes jusqu'à ce que la préparation soit juste ferme. Laissez le gâteau refroidir 1 heure dans le four éteint.

Placez le cheese-cake 2 heures au réfrigérateur. Décorez-le avec les filaments d'écorce confits et servez.

Pour une version citron vert-framboises, remplacez les oranges et le citron ainsi que les raisins secs par 2 à 3 gouttes d'extrait de vanille et le jus et le zeste râpé de 1 citron vert. Faites cuire comme indiqué ci-dessus. Une fois refroidi, décorez le cheese-cake avec 125 g de framboises.

panna cotta aux fruits de la Passion

Pour **4 personnes**
Préparation **20 minutes**
   + temps de prise

2 feuilles de **gélatine**
8 **fruits de la Passion**
200 g de **crème fraîche**
   légère
125 g de **yaourt grec**
   maigre
1 c. à c. de **sucre** en poudre
1 gousse de **vanille** fendue

Faites ramollir les feuilles de gélatine dans de l'eau froide. Coupez les fruits de la Passion en deux. Pressez la pulpe à travers une passoire pour extraire un maximum de jus. Gardez les pépins pour décorer.

Mélangez la crème fraîche, le yaourt et le jus des fruits de la Passion.

Versez 100 ml d'eau dans une petite casserole, ajoutez le sucre et les graines de vanille, et faites chauffer à feu doux, en remuant, jusqu'à ce que le sucre soit dissous. Égouttez la gélatine et ajoutez-la dans la casserole. Remuez jusqu'à ce que la gélatine soit dissoute puis laissez refroidir à température ambiante.

Mélangez la préparation à la gélatine et la composition à la crème fraîche, puis versez dans 4 ramequins ou petits moules. Placez 6 heures au réfrigérateur pour que la crème prenne.

Démoulez les panna cotta après avoir trempé chaque ramequin un court instant dans de l'eau très chaude. Décorez avec les pépins de fruits de la Passion.

Pour une délicieuse version au café, remplacez les fruits de la Passion par 2 cuillerées à café de café corsé. Décorez avec quelques grains de café en chocolat si vous le souhaitez.

crèmes brûlées mangue-passion

Pour **4 personnes**
Préparation **10 minutes**
  + réfrigération
Cuisson **2 minutes**

1 petite **mangue** pelée,
  dénoyautée et coupée
  en tranches fines
la **pulpe** de 2 **fruits
  de la Passion**
300 g de **yaourt nature**
  maigre
200 g de **crème fraîche**
  légère
1 c. à s. de **sucre glace**
quelques gouttes
  d'**extrait de vanille**
2 c. à s. de **cassonade**

Disposez les tranches de mangue dans 4 ramequins.

Mélangez la pulpe des fruits de la Passion, le yaourt,
la crème fraîche, le sucre glace et l'extrait de vanille
dans un saladier, puis répartissez cette crème dans
les ramequins. Tapotez chaque ramequin pour égaliser
la surface.

Saupoudrez de cassonade et passez sous le gril du
four 1 à 2 minutes, jusqu'à ce que le sucre soit fondu.
Placez environ 30 minutes au réfrigérateur puis servez.

Vous pouvez remplacer la mangue par d'autres fruits,
notamment des nectarines, des pêches, des prunes
ou des kiwis.

sorbet myrtille-citron

Pour **4 personnes**
Préparation **10 minutes**
  + congélation

500 g de **myrtilles** surgelées
500 g de **yaourt grec**
  maigre
125 g de **sucre glace**
  + quelques pincées
  pour décorer
le **zeste** râpé de 2 **citrons**
1 c. à s. de **jus de citron**

Réservez quelques myrtilles pour décorer. Mettez les autres myrtilles dans un robot avec le yaourt, le sucre glace, le jus et le zeste de citron, et mixez jusqu'à obtention d'un mélange lisse.

Versez la préparation dans un plat résistant à la congélation d'une contenance de 600 ml et placez au congélateur.

Dégustez ce sorbet lorsqu'il est juste pris et que vous pouvez facilement faire des boules. Avant de servir, décorez avec des myrtilles et quelques pincées de sucre glace. À consommer dans les 3 jours.

Pour un sorbet cassis-citron, remplacez les myrtilles par 500 g de cassis surgelé. Vous pouvez aussi utiliser des mûres ou des framboises à la place des myrtilles.

poires pochées et biscuits au sirop d'érable

Pour **4 personnes**
Préparation **20 minutes**
Cuisson **50 minutes**

2 gousses de **vanille**
  fendues
3 c. à s. de **miel** liquide
375 g de **vin blanc doux**
125 g de **sucre** en poudre
4 **poires** fermes (packham
  ou comice) pelées,
  coupées en deux
  et épépinées

Biscuits au sirop d'érable
25 g de **margarine**
  au tournesol allégée
2 c. à s. de **sirop d'érable**
1 c. à s. de **sucre** en poudre
50 g de **farine** ordinaire
1 **blanc d'œuf**

Mélangez les gousses de vanille, le miel, le vin et le sucre dans une casserole suffisamment grande pour contenir les poires. Faites chauffer jusqu'à ce que le sucre soit dissous puis ajoutez les poires. Laissez mijoter 30 minutes. Retirez les poires et réservez.

Laissez frémir le sirop 15 minutes environ jusqu'à ce qu'il ait réduit. Réservez jusqu'au moment de servir.

Pour les biscuits, mélangez la margarine, le sirop d'érable et le sucre, puis incorporez la farine. À part, fouettez le blanc d'œuf en neige souple puis incorporez-le à la préparation.

Déposez des cuillerées à café de pâte sur une plaque légèrement huilée, en les espaçant largement. Faites cuire environ 8 minutes dans un four préchauffé à 200 °C, jusqu'à ce que les biscuits soient dorés. Laissez refroidir sur une grille.

Disposez les poires sur 4 assiettes et décorez avec un éclat de gousse de vanille. Versez le sirop sur les poires et servez avec des biscuits au sirop d'érable.

Pour une version aux pêches, remplacez les poires par la même quantité de pêches et réduisez le temps de cuisson des fruits à 20 minutes. Si vous coupez les pêches en deux, elles cuiront encore plus vite.

nids meringués aux fraises

Pour **4 personnes**
Préparation **15 minutes**
Cuisson **2 heures 30**

3 **blancs d'œufs**
150 g de **sucre roux**
3 c. à c. de **fécule de maïs**
1 c. à c. de **vinaigre blanc**
1 c. à c. d'**extrait de vanille**
250 g de **fraises** équeutées
et coupées en tranches

Tapissez 4 petits moules à tarte ou ramequins de papier sulfurisé. Montez les blancs d'œufs en neige ferme. Ajoutez le sucre, une cuillerée à la fois, en veillant à incorporer parfaitement chaque cuillerée avant chaque ajout.

Incorporez la fécule de maïs, le vinaigre et l'extrait de vanille.

Répartissez la meringue dans les moules et faites cuire 2 heures 30 dans un four préchauffé à 120 °C.

Disposez les fraises dans un plat allant au four et faites-les cuire en même temps que les meringues, pendant la dernière heure de cuisson.

Servez après avoir réparti les fraises et le jus éventuel sur les meringues.

Pour une variante aux nectarines ou aux pêches, remplacez les fraises par 2 nectarines ou 2 pêches pelées, dénoyautées et coupées en lamelles. Faites cuire les fruits en même temps que les meringues, pendant les trois derniers quarts d'heure de cuisson.

gâteau roulé aux fruits rouges

Pour **4 personnes**
Préparation **20 minutes**
+ refroidissement
Cuisson **15 minutes**

3 gros **œufs**
100 g de **sucre** en poudre
½ c. à c. d'**extrait de cacao**
50 g de **farine** ordinaire
25 g de **cacao** + quelques
pincées pour décorer
150 g de **crème fraîche**
légère
150 g de **yaourt grec**
maigre
25 g de **sucre glace**
1 c. à s. de **sauce
au chocolat**
200 g de **fruits rouges**
mélangés, hachés
grossièrement
+ quelques-uns
pour décorer

Huilez et tapissez de papier sulfurisé une plaque de cuisson de 30 x 20 cm. Fouettez les œufs et le sucre à l'aide d'un batteur électrique jusqu'à obtention d'un mélange très mousseux. Ajoutez l'extrait de cacao et incorporez délicatement la farine et le cacao tamisés.

Versez la préparation sur la plaque de cuisson et faites cuire 15 minutes dans un four préchauffé à 200 °C.

Étalez un torchon de cuisine propre sur le plan de travail et recouvrez-le d'une feuille de papier sulfurisé. Quand le gâteau est cuit, retournez-le sur le torchon, enroulez-le soigneusement sur lui-même et laissez-le refroidir.

Mélangez la crème fraîche, le yaourt, le sucre glace et la sauce au chocolat.

Déroulez le gâteau et nappez-le avec le mélange à la crème fraîche. Parsemez de fruits rouges et enroulez le gâteau de nouveau. Saupoudrez de cacao, décorez avec quelques fruits rouges et servez aussitôt.

Pour une version vanille-fraises, supprimez le cacao, augmentez la quantité de farine ordinaire (75 g) et remplacez l'extrait de cacao par ½ cuillerée à café d'extrait de vanille. Garnissez le gâteau avec 200 g de fraises, décorez avec quelques lamelles de fraises et servez.

glace au yaourt

Pour **4 personnes**
Préparation **15 minutes**
  + congélation

300 g de **framboises**
    fraîches ou surgelées
3 **nectarines** pelées,
    dénoyautées et coupées
    en morceaux
2 c. à s. de **sucre glace**
400 ml de **yaourt grec**
200 ml de **yaourt grec
    maigre**

Versez la moitié des framboises et des nectarines dans un robot et mixez jusqu'à obtention d'un mélange lisse.

Mélangez cette purée avec les ingrédients restants. Versez le tout dans un récipient résistant à la congélation et placez au congélateur. Au bout de 1 heure, remuez énergiquement puis replacez au congélateur jusqu'à ce que la glace ait pris.

Formez des boules à l'aide d'une cuillère à glace. Cette glace se conserve jusqu'à 1 mois au congélateur.

Pour une glace à la fraise, faites cuire à feu doux 250 g de fraises équeutées et coupées en morceaux, avec 2 cuillerées à soupe de jus de raisin. Égouttez. Mélangez le jus des fraises, 1 cuillerée à café de crème de cassis, 2 cuillerées à soupe de sucre glace et 300 ml de yaourt nature. Suivez ensuite la recette ci-dessus.

muffins aux fruits rouges

Pour **12 muffins**
Préparation **15 minutes**
Cuisson **25 minutes**

250 g de **farine** ordinaire
4 c. à s. de **sucre** en poudre
1 c. à s. de **levure chimique**
1 **œuf battu**
200 ml de **lait**
50 ml d'**huile végétale**
200 g de **fruits rouges**
  mélangés, hachés
  grossièrement

Mélangez ensemble tous les ingrédients à l'exception des fruits rouges, jusqu'à obtention d'une pâte lisse. Ajoutez les fruits rouges.

Garnissez un moule à muffins de 12 alvéoles de caissettes en papier. Répartissez la préparation dans les caissettes. Faites cuire 25 minutes dans un four préchauffé à 180 °C. Lorsque vous enfoncez la lame d'un couteau dans un des gâteaux, elle doit en ressortir sèche. Démoulez et laissez refroidir sur une grille.

Pour des muffins à la banane, remplacez les fruits rouges par 200 g de banane coupée en morceaux.

gâteau chocolat-nectarine

Pour **6 personnes**
Préparation **15 minutes**
Cuisson **45 minutes**

3 **nectarines**
75 g de **chocolat noir** haché
25 g de **beurre doux**
2 **jaunes d'œufs**
75 g de **sucre** en poudre
½ c. à c. d'**extrait de cacao**
4 **blancs d'œufs**
cacao en poudre

Huilez et tapissez de papier sulfurisé un moule de 25 cm de diamètre. Mettez les nectarines dans un bol et recouvrez-les d'eau bouillante. Au bout de 1 minute, sortez-les de l'eau puis pelez-les. Coupez les fruits en deux et ôtez le noyau. Essuyez-les avec du papier absorbant puis disposez-les dans le moule, côté coupé vers le bas.

Faites fondre le chocolat et le beurre au bain-marie.

Fouettez les jaunes d'œufs et le sucre jusqu'à ce que le mélange épaississe légèrement et blanchisse. Incorporez le chocolat fondu et l'extrait de cacao.

Montez les blancs d'œufs en neige souple. Incorporez-en 1 cuillerée à soupe dans le mélange au chocolat. Versez ensuite tout le blanc d'œuf et mélangez délicatement. Versez le tout sur les nectarines.

Faites cuire 45 minutes dans un four préchauffé à 180 °C. Lorsque vous enfoncez la lame d'un couteau dans le gâteau, elle doit en ressortir sèche. Servez chaud ou refroidi, saupoudré de cacao en poudre.

Pour une version soufflée chocolat-poire, remplacez les nectarines par 3 poires que vous ferez pocher 30 minutes dans un sirop frémissant composé de 125 g de sucre et de 250 ml d'eau. Coupez les poires en deux, ôtez le trognon et égouttez-les soigneusement.

cheese-cake au sirop d'érable et à la ricotta

Pour **6 personnes**
Préparation **20 minutes**
 + refroidissement

3 feuilles de **gélatine**
125 g de **biscuits sablés**
 allégés, émiettés
50 g de **margarine**
 au tournesol allégée
200 g de **cottage cheese**
200 g de **ricotta**
2 **blancs d'œufs**
25 g de **sucre glace** tamisé
25 ml de **jus de citron**
4 c. à s. de **sirop d'érable**

Pour décorer
2 **oranges** pelées
 et coupées en tranches
quelques grappes
 de **groseilles** rouges

Tapissez de papier sulfurisé un moule à manqué de 20 cm de diamètre. Faites ramollir la gélatine dans de l'eau froide.

Mélangez les biscuits émiettés et la margarine, et pressez ce mélange dans le fond du moule. Placez au réfrigérateur.

Faites égoutter le cottage cheese et la ricotta à travers une passoire. À part, montez les blancs d'œufs en neige ferme puis incorporez-y le sucre glace et continuez de fouetter jusqu'à obtention d'un mélange luisant.

Versez le jus de citron et 50 ml d'eau dans une casserole et faites chauffer à feu doux. Ajoutez la gélatine et remuez jusqu'à ce qu'elle soit dissoute. Ajoutez la ricotta, le cottage cheese et le sirop d'érable. Incorporez ensuite délicatement les blancs d'œufs. Versez cette préparation dans le moule et faites prendre au réfrigérateur.

Décorez avec les tranches d'oranges et les grappes de groseilles.

Pour une version plus fruitée, hachez 2 pêches et étalez-les sur les biscuits avant d'ajouter le mélange à la ricotta.

mousse banane-café

Pour **4 personnes**
Préparation **10 minutes**
  + temps de prise

2 feuilles de **gélatine**
3 c. à s. de **sauce
  au caramel**
125 g de **crème fraîche**
  légère
65 g de **chips de banane
  au miel**
4 **blancs d'œufs**

Faites ramollir la gélatine 2 minutes dans de l'eau froide.

Faites chauffer la sauce au caramel à feu doux. Ajoutez-y la gélatine et remuez jusqu'à ce qu'elle soit dissoute.

Mélangez le caramel avec la crème fraîche puis ajoutez les lamelles de banane séchée ; gardez quelques lamelles pour décorer.

Montez les blancs d'œufs en neige ferme. Incorporez-les délicatement à la préparation caramel-banane. Versez le tout dans 4 verres et décorez avec les lamelles de banane et 1 cuillerée de sauce au caramel si vous le souhaitez.

Pour une mousse à la noisette, remplacez les chips de banane par 65 g de noisettes hachées et grillées.

brownies au chocolat

Pour **9 brownies**
Préparation **10 minutes**
Cuisson **30 minutes**

125 g de **margarine
au tournesol** allégée
2 **œufs**
125 g de **sucre roux**
75 g de **farine à levure
incorporée**
50 g de **cacao en poudre**
tamisé + quelques pincées
pour décorer
50 g de **chocolat noir**
haché
1 c. à c. d'**extrait de cacao
sel**

Huilez et tapissez de papier sulfurisé un moule carré de 18 cm, à bords assez hauts.

Mélangez la margarine, les œufs et le sucre. Incorporez la farine et le cacao puis ajoutez le chocolat et l'extrait de cacao. Incorporez 1 cuillerée à café d'eau bouillante et 1 pincée de sel.

Versez la préparation dans le moule et faites cuire 30 minutes dans un four préchauffé à 190 °C. Lorsque vous enfoncez la lame d'un couteau dans le gâteau, elle doit en ressortir sèche. Laissez refroidir dans le moule puis coupez en 9 carrés. Au moment de servir, saupoudrez de cacao en poudre.

Pour une version crémeuse, mélangez du yaourt grec et de la crème fraîche dans les mêmes proportions et déposez 1 cuillerée à café de ce mélange sur chaque brownie. Parsemez de framboises fraîches et saupoudrez de cacao en poudre.

compote d'été

Pour **2 personnes**
Préparation **5 minutes**
  + réfrigération
Cuisson **5 minutes**

250 g de **fruits rouges**
  mélangés (framboises,
  myrtilles et fraises),
  frais ou surgelés
le **jus** et le **zeste** finement
  râpé de 1 grosse **orange**
1 c. à s. de **gelée
  de groseille**
250 g de **yaourt au soja
  nature**

Versez les fruits d'été (décongelés s'ils étaient surgelés),
le jus et le zeste d'orange, et la gelée de groseille dans
une grande casserole. Couvrez et faites chauffer 5 minutes
à feu doux jusqu'à ce que les fruits aient rendu leur jus.

Retirez la casserole du feu et réservez. Quand les fruits
sont refroidis, placez-les au réfrigérateur. Servez cette
compote avec le yaourt au soja.

Pour une compote à la rhubarbe, remplacez les fruits
rouges et la gelée de groseille par 1 kg de rhubarbe
coupée en tronçons de 2,5 cm. Faites fondre 250 g
de sucre dans 150 ml d'eau, portez à ébullition puis
ajoutez la rhubarbe. Faites frémir 5 minutes puis laissez
reposer. Incorporez le jus et le zeste râpé de 1 orange
puis placez au réfrigérateur.

annexe

table des recettes

quotidien

rapide

spécial

végétarien

salades

desserts

découvrez toute la collection

T301